魚隱堂日記
어은당 일기 4

누가 친일파인가?

누가 친일파인가?
어은당 일기 4

초판 1쇄 발행 2024년 8월 10일

지은이 魚隱堂 이관형
펴낸이 장길수
펴낸곳 지식과감성#
출판등록 제2012-000081호

교정 김지원
디자인 강샛별
편집 강샛별
검수 정은솔, 이현
마케팅 김윤길, 정은혜

주소 서울시 금천구 벚꽃로298 대륭포스트타워6차 1212호
전화 070-4651-3730~4
팩스 070-4325-7006
이메일 ksbookup@naver.com
홈페이지 www.knsbookup.com

ISBN 979-11-392-2013-1(03810)
값 15,000원

- 이 책의 판권은 지은이에게 있습니다.
- 이 책 내용의 전부 또는 일부를 재사용하려면 반드시 지은이의 서면 동의를 받아야 합니다.
- 잘못된 책은 구입하신 곳에서 바꾸어 드립니다.

지식과감성#
홈페이지 바로가기

누가 친일파인가?

魚隱堂 이관형 지음

魚隱堂日記
어은당 일기 4

"나의 Bucket List는 계속 이어진다"
일곱 번째 Bucket List이자 네 번째 시집

시인의 말

「나의 Bucket List는 계속 이어진다」

  스무 살 무렵 시인을 꿈꾸면서
시나브로 끄적거린 투박하고 거친 글들은 밥을 버느라 허둥대는 동안 먼지 앉아 누렇게 변색된 글들을 책장에서 꺼내 다듬고 다듬어 정년퇴직 전 첫 번째 Bucket List였던 『어은당 일기』라는 시집 1, 2권을 출판하고,

  2023년 같은 제목으로
수필집 1권을 출판했지만, 돌아보면 죄다 부족하고 모자라는 허튼 졸필투성이여서 가끔 책을 펼치면 지금도 얼굴이 화끈거리지만,

  나의 Bucket List는 계속 이어져
2023년에 제주 올레길 437km를 20일 만에 걷고, 동해안을 따라 걷는 해파랑길 750km를 28일 만에 걷고, 남해안을 따라 걷는 남파랑길 1,470km를 54일 만에 걷고,

  2024년 올해는 서해안을 따라 걷는
서해랑길 1,800km를 58일 만에 걸어 한국관광공사에서 완보 인증서와 기념패를 받으면서 다섯 번째 Bucket List를 무사히 끝냈습니다.

폭염과 장마가 이어지는 삼복(三伏)에
나의 여섯 번째 Bucket List 『누가 친일파인가?』라는 제목의 네 번째 시집을 준비하는 틈틈이 올가을부터 이어지는 일곱 번째 Bucket List를 준비하고 있습니다.

　다시 한번 스스로 나에게
"너 참 잘하고 있어", "멋지고 대단해" 격하게 자화자찬하면서, 모자라고 부족한 졸작을 읽어 주시는 하늘 아래 단 한 분인 제형(弟兄)들에게 감사드리고,

　베개로는 쓸모없겠지만
어떤 분 자서전에 나오는 글 한 줄처럼 방금 끓인 라면 냄비 받침으로라도 쓰이면 좋겠습니다.

항상 변함없는 우정으로 맑은 지도 편달을 기다립니다.

「나의 Bucket List는 계속 이어진다」

2024년 삼복(三伏)에
어은당(魚隱堂) 이관형, 네 번째 시집을 엮으면서

차례

시인의 말   4

제1부	나는 집에서 닷새만 아프다 내 그림자들 앞에서 내 여자가 따라 준 맥주 한 잔 마시고 행복하게 죽고 싶다

1. 지니   14
2. 돋보기   17
3. 퇴직 후 처음 한 일   18
4. 득음(得音)   20
5. 밥도 벌지 못하면서   22
6. Performance   24
7. 뉴 노멀(New normal)   26
8. 물수제비   29
9. 전보(電報)   30
10. 누구냐 넌   32
11. 힌남노   34
12. 개는 발이고 사람은 손이다   36
13. 꿈(夢)   38
14. 누구나 시인   39
15. 못다 한 효도   40
16. 나의 아폴로 우주선   42

17. 우리는 기억을 덮고 지워 가며 산다	44
18. 유품(遺品)	46
19. 나중에 후손들이 우리가 이렇게 고생한 걸 알기나 할까?	48
20. 죄를 고백하고 지독한 과오(過誤)를 후회 없이 쏟아 냈다	50
21. 제1 독자	55
22. 양강산 진달래	56
23. 술	58
24. 총각김치	60
25. 껍데기는 가라	62
26. 아버님 아버님 아버님	64
27. 동강치마	66
28. 낙산사 홍련암	68
29. 손오공의 주문	70
30. 날로 먹어서	71

제2부 누가 친일파인가?

1. 누가 친일파인가?	74
2. 충주 백운사	81
3. 참전기(參戰記)	82
4. 행복한 글의 유희	85
5. 이태원	86
◆ 부제: 곡두	
6. 내가 글을 쓰는 이유	89
7. 우리 시대 새로운 스승	90

8. 구부러지는 햇볕	92
9. 난 아직 부족해	94
10. 마라도	96
11. 쉑쉑버거	98
12. 괴담(怪談)을 넘어서	100
13. 인왕제색도	102
14. 웰다잉	104
15. 꼴림과 꿀림의 차이	106
16. 무량(無量)	109
17. Senior Army 1 　◆ 부제: 나는 의병이다	110
18. 어느 가을날에	113
19. Senior Army 2 　◆ 부제: 나는 의병이다	114
20. 옴 마니 반메 훔	116
21. 나는 내가 되고 싶다	119
22. 自由	120
23. 신발을 다시 신게 하소서	122
24. 강진 터미널	124
25. 흘레 관전기	126
26. 쪽팔림에 대하여	128
27. 파란만장(波瀾萬丈)	131
28. 선(善)한 역마살	132
29. 고별(告別)	134
30. 자다가 감쪽같이 죽어야 하는데	137

제3부 | 죽은 엄마에게 더위팔기

1. 죽은 엄마에게 더위팔기 … 140
2. 어두육미(魚頭肉尾) 1 … 142
3. 거울 속에 사는 남자 … 144
4. 생각 없이 산다는 것 … 146
5. 백수(白手)로 살기 … 149
6. 生老(炳)死 … 150
7. 동생 … 152
8. 꽃도 혼자서는 외로워 … 155
9. 한 번 더 나에게 다시 살아 볼 기회가 주어진다면 … 156
10. 콩 한 쪽도 뺏어 먹자 … 158
11. 꺾이지 않는 마음 … 160
12. 비 오시네 … 162
13. 세상 밖으로 … 163
14. 팔열지옥(八熱地獄) … 164
15. 관혼상제(冠婚喪祭) … 166
16. 부러우면 지는 거라는데 … 169
17. 토(吐) … 170
18. 애월(涯月) … 172
19. 마지막 거수경례 … 174
20. 시(時)에 대하여 … 176
   ◆ 부제: 부지불식간에
21. 언니 … 179

22. 윤달(閏月)	180
23. 화양연화(花樣年華)	182
24. 이 글을 읽는 분은 아실지 모르지만	184
25. 박헌성 밴드	186
26. 절대자	189
27. 두려움은 어슬렁거리는 개나 주라 하지	190
28. AI 사이언스 사피엔스	192
29. 장례식장에서 2	194
30. 나중에 크면 돈 벌어서 갚을게요	197

제4부 | 나도 어쩔 수 없는 속물

1. 나도 어쩔 수 없는 속물	200
2. 지식인(知識人)	204
3. 산사(山寺)	205
4. 퇴마사(退魔師)라도 불러야 할까	206
5. 영시의 이별	208
6. 잘 먹고 잘 살아라	210
7. 새로움과 변화가 내 안에 살고 있다면	213
8. 잃어버린 세대	214
9. 괴기반	217
10. 뒤돌아보지 말자	218
11. 올해도 한참 부족하게 살았습니다	220
12. 소신공양(所信供養)	222

13. 무제(無題)   224

14. 소년   227

15. 천북 굴 단지 까치네   228

16. 말 뼈다귀   230

17. 좀이 쑤시는 아침   232

18. 우리 집 에어컨   234

19. 입   238

20. 그때 늙은 아저씨들과 지금 우리들은 같을까?   240

21. 휴휴암   244

22. 무엇 하는 사람이오   246

23. 치앙마이에서 1   248
  ◆ 부제: 새똥을 맞았다

24. 치앙마이에서 2   250
  ◆ 부제: 우물을 지키는 신에게 기도했다

25. 치앙마이에서 3   252
  ◆ 부제: 맥주를 물 마시듯 마시고

26. 치앙마이에서 4   254
  ◆ 부제: 내 글을 읽어 줄 이는 어디에

27. 치앙마이에서 5   255
  ◆ 부제: 종로에 있는 보령약국도 일요일은 쉰다

28. 치앙마이에서 6   256
  ◆ 부제: 용산에서 또 똥 볼을 찼다고?

29. 치앙마이에서 7   258
  ◆ 부제: 면(面) 안 서는 열흘을 보내고

30. 치앙마이에서 8   260
  ◆ 부제: 로열 파크 랏차프륵에서 한반도 지도와 태극기를 만났다

제1부

나는 집에서 닷새만 아프다

내 그림자들 앞에서 내 여자가 따라 준

맥주 한 잔 마시고

행복하게 죽고 싶다

지니

- 정월 초하루 이지함 선생의 토정비결을 왼편으로 밀쳐 두고 대보름날 황학동 풍물시장을 어슬렁거리다 눈썹이 짙고 콧날이 오뚝한 아랍인 닮은 늙수그레한 사내에게 손잡이가 녹슬고 색이 바랜 푸른빛 알라딘 요술램프를 건네받았다

- 우람한 덩치에 터번을 쓴 지니가 사흘 동안 남자를 깨우면서 말했다
  "주인님 무엇이든 분부만 내리십시오"
  "사흘 동안 세 가지 소원은 모두 다 들어드리겠습니다"

- 남자는 사흘 동안 자다 일어나 맑은 정신으로 소원을 말했다

1.

첫째 날

내가 죽는 날까지
글을 읽을 수 있는 밝은 눈을 주고

내가 죽는 날까지
글을 쓸 수 있는 맑은 마음을 주고

내가 죽는 날까지
가족들에게 짐이 되지 않고 갈 수 있게 해 다오!

2.

둘째 날

나와 마주 앉아 밥을
가장 많이 먹은 여자가 나보다 더 오래 살게 하고

나와 마주 앉아 이런저런 얘기를
가장 많이 한 여자가 풍(風)과 치매에 걸리지 않게 하고

나와 여자의 영혼을
갉아먹고 성장한 그림자들이 그 여자를 외면하지 않게
해 다오!

3.

셋째 날

내가 죽을 때

애들 할머니처럼
삼 년이 넘는 긴 시간 동안 앓아누워 힘들게 죽지 않게 하고

내가 죽을 때
애들 할아버지처럼
병원에서 이십칠 일 동안 앓아누워 혼자 쓸쓸히 죽지 않게 하고

남들은
사흘만 아프다 자다가 조용히 죽었으면 좋겠다지만

내가 죽을 때
딱 닷새만 집에서 아프다 내 그림자들과 내 여자가 보는 앞에서

내 여자가 따라 준 맥주 한 잔 마시고 행복하게 죽을 수 있게 해 다오!

돋보기

당신이 지금까지

선하게 살아왔다고 생각한다면

오늘 하루만이라도 악하게 살아 보고

당신이 지금까지

악하게 살아왔다고 생각한다면

오늘 하루만이라도 선하게 살아 보고

당신 안에

숨어 있는 또 다른 당신과 만나 볼 것을

부드럽지만 강력하게 권유합니다

퇴직 후 처음 한 일

이가 빠져 흉악한 접시를 찾아냈다

신문지에 한 겹 싸고 비닐 봉투에 담겨
군대 간 아들놈 방 베란다에서 삼동(三冬)을 나고 있는 무
하나를 꺼내 대가리를 잘라 접시에 올려놓았다

옛 선비들은 매란국죽(梅蘭菊竹) 사군자를 쳤다지만

스스로 작가를 자처하며 시 나부랭이
허튼 글을 쓰지만 그림에는 젬병임을 고백한다

퇴직 후 실업자가 된 첫날 이 빠진 접시에
김장하고 남은 무청 대가리를 난(蘭)이라 여기고

연하고 엷은
노란 싹이 검지 한 마디만큼 올라와 있었지

매일 아침저녁 물뿌리개로
정을 줬더니 연한 노란색이던 어린 무순은

햇볕을 받아
무순은 이제 더 이상 무순이 아닌 열무가 되고

열무는 연한 초록색으로 잎 가장자리에
하얀 가시가 돋는 것처럼 무청이 되었다

어린 무순은 열무가 되고
어린 열무는 무청이 되고 무청은 어디로?

아내는 그걸 키워
무얼 할 거냐며 궁시렁거렸지만 어제 백수가 된
이 백로의 마음을 어찌 뱁새가 알까 타박하며

무순을 몇 개 따
9천9백 원 하는 광어회를 떠다 소주 한잔하고

열무는
열무김치를 해서 고추장 넣고 열무 비빔밥 해 먹고
(열무국수를 해 먹었는지도 모른다)

무청은 김장 김치 하듯
양념을 버무려 냉장고 깊숙이 밀어 놓았다

득음(得音)

출근할 곳이 없어진 새해 첫 월요일

제대로 늦잠을 자고 게으름도
피워 보리라 작정하면서 알람을 껐지만 어김없이 작동되는
몸시계는 기어이 새벽 여섯 시에 작동되고

이리 뒤척이고 저리 뒤척이고
이 공상(空想)에 빠지고 저 공상에 빠지며

이 생각 저 생각 몰두하다
조항조의 노래 「고맙소」가 떠오르면서
하루를 살아갈 화두를 찾은 것처럼 생기가 났다

핸드폰에
「고맙소」를 다운받아 이어폰으로 듣고

매일 동네 산책길이나 뒷산에 오르면서
음감을 익히고 또 익힌 다음 후반부 고음이
어려웠지만 노래방에서 연습하고 또 연습했다

군대 간 아들놈
첫 휴가 나온 날 온 가족 노래방에서

애들 엄마 손 꼭 붙잡고
「고맙소」 노래를 멋들어지게 진심을 다해 불렀다

밥도 벌지 못하면서

설날 아침
성묘하러 가는 차 안
눈을 게슴츠레 뜨고 내비게이션 자판을
들여다보면서 화성시의 첫 자음 'ㅎ'을 누르고
모음 'ㅗ'와 'ㅏ'를 찾아 누르려는데
둘째는 말 한마디로 아비의 고향을 찾았다

아비는
식구들을 위해 밥을 버는 사람이다
자식들은
자식들 나름으로 밥을 벌지만 그건
순전히 그놈들 입으로 들어가는 밥이 될 뿐
여전히 우리는 서로가 서로에게 덫을 놓고
살면서 나는 마누라가 벌어 오는 밥으로 산다

비누는
처음엔 풍성하게 거품이 잘 난다
닳고 닳아 닳아지면 거품은 줄어들어
종내는 흔적도 없이 사라지는 것처럼

나는 밥을 벌지도 못하고
시(詩)가 무엇인지도 모르면서
모니터에 자음과 모음들을 불러 모으고
홍동백서 조율이시 어동육서 좌포우혜
글자들을 진설해 차례상을 차리고 있다

카카오톡으로 받은
부고(訃告)와 청첩장이 가야 할 날이 한날이다
낮에 내민 봉투로 식권 한 장을 교환하고
밤에 내민 봉투로 망자를 위한 소주를
마셔야 하나 고민하다 기쁨과 슬픔을 하루에
다 품을 가슴이 없어 계좌번호를 찾았다

밥을 벌 때는
술자리 핑계로 여기저기 전화가 왔지만
밥도 못 버는 백수는 전화도 안 오고
나는 마누라가 벌어 오는 밥으로 산다

나는 마누라가 벌어 오는 밥으로 살면서
시가 뭔지도 모르고 시인 흉내를 내며 살고 있다

Performance

새벽
윗집 사내의 요란한 오줌 누는 소리에 잠이 깨
오줌을 참을 수 없을 때까지 웅크리고 있다가
오줌을 누러 갔는데

매일
밀림에서 수컷들이 영역표시 하는 것도 아니고
식구들 말고는 보는 사람도 없는데 아침마다
누런 오줌을 흘리는 퍼포먼스를 꼭 해야 하느냐는
마누라 잔소리가 들리는 것 같아

얼른
앉아서 오줌을 누다가 같이
사는 여자는 절대 그렇게 생각하지 않겠지만
시원하고 굵은 내 오줌발 소리를 아랫집 사내가
듣지 못한다는 아쉬운 마음에 옷을 추스르다

옛 어른들 말씀 중에
새벽 아랫도리가 앙천(仰天)*하지 않는 놈에게는
돈도 빌려주지 말라는 우스개가 생각나 풀 죽은
내 물건은 언제부터 하늘을 우러러보지 않았는지

거웃도 허옇고
수염도 허옇고
머리도 허연

오줌 누러 들어갈 때 못 본 꾸부정한
중늙은이 한 놈이 거울 속에서 빤히 쳐다보고 있다

★ 앙천(仰天): 하늘을 우러러봄.

뉴 노멀(New normal)

이런 모임 저런 모임에서
중늙은이들이 중구난방 서로 묻다가 중얼거립니다

라떼는★(우리 때는) 안 그랬는데
요즘 애들은 당최 결혼할 생각이 없다는데 자네 애들도
그런감?

요즘 애들이 이러더라고

지금
제대로 된 일자리가 있나요?
그렇다고 취업이 잘되나요?

지금
서울에서 내 집 마련하려면 20년 동안 월급 한 푼
안 쓰고 모아야 가능한데 아파트 한 채 사 주시게요?

지금
대학에 순위를 매겨 줄 세우는 서열화가 너무 심해 SKY
대학 말고는 지방대나 웬만한 in Seoul 대학을 졸업해도
취업이 어려운 게 사실 아닌가요?

지금
1시간에 100만 원이나 한다는 입시컨설팅이 판치는
사교육비에 학부모 등골이 빠지고 허리가 휘는 부모님
세대를 보고 자랐고 너나없이 맞벌이 아니면 결혼할
생각을 안 하는데 애는 누가 봐 주나요?

사람은
서울로 가고 말은 제주도로 보내라는 속담처럼 개나 소나
모두 서울로 서울로 꾸역꾸역 모여들어 가뜩이나
좁아지는 서울에서 사람들 어깨만 부딪히며 살아야 해요?

이런저런 이유로
젊은 청년들이 결혼을 안 하고

이런저런 이유로
젊은 청년들이 아예 결혼을 하지 않는 비혼(非婚)주의가
되고

이런저런 이유로
젊은 청년들이 결혼을 해도 늦게 하는 만혼(晚婚)이 되고

이런저런 이유로
젊은 청년들이 결혼해도 아이를 낳지 않는 무자녀 가정이 되고

이런저런 이유로
뉴 노멀로 자리 잡아 가는 시대에 살고 있는 중늙은이들은

손자 손녀 본
친구들이 술값을 내야 한다며 또 왁자지껄하다 귀가하는 길

그나저나
사내는 언제쯤 손자 손녀를 볼 수 있을까 생각하다 그만 술이 다 깨고 말았습니다

★ 뉴 노멀(New normal): 시대 변화에 따라 새로운 기준이나 표준을 뜻하는 신조어.
★ 라떼는: 아직 숙성된 꼰대는 아니라는 자조적인 표현.

물수제비

물수제비가
물수제비인 줄도 모르고 물수제비를 뜨며 살다가

내 그림자들에게도

물수제비 뜨는 법을 제대로 알려 주지도 못하고
여전히 물수제비를 뜨며 살았다

물에 빠진 놈 건져 놨더니
보따리 내놓으라는 손가락 받지 않으려

사막 같은 뜨거움 속에서 여전히
총총거리는 도마뱀 걸음으로 길 위에 서 있지만

신우댓잎으로 바람에 흔들리며 살지라도
속 빈 강정처럼 대나무를 동경하진 않으리라

★ 물수제비: 놀이의 일종으로 물 위로 둥글고 얄팍한 돌을 수평으로 던져 많이 튀기게 하면서 그 자리마다 생기는 물결 모양을 말한다.

전보(電報)

혈기 왕성하고
내가 제일이라는 고집불통 스물두 살 군복 입던 시절 자주색 교복 입은 발안 양계장 댁 둘째 딸에게 「급 면회 요망」이라는 전보를 쳤고, 하이디 닮은 키 작은 소녀와 오산읍 목욕탕 골목에서 마른안주에 생맥주를 마셨던 일이 생애 처음 전보에 대한 기억이올시다

할아버지와 할머니 얼굴도
못 보고 자라 조부 위독이니 조모 위독이라는 전보를 받아 보지도 못했고, 당연히 부 위독이니 모 위독이라는 전보는 내 인생에 없었지만, 가형(家兄)은 자전거를 타고 비지땀을 흘리며 위급한 사연을 전달하러 이 동네 저 동네를 누비다 자전거 대신 오토바이를 타고 전보를 배달하던 시절도 있었지요

1885년 한성전보총국이
서울에서 인천으로 첫 전보를 보내고, 타향살이하는 가족에게 경조사를 알리는 중요한 통신수단으로 자리매김하다 전화와 휴대폰 이메일 카톡이 보급되면서 전보는 희미한 옛 추억으로 남았습지요

예전 가형의 전보 배달은
여기서나 저기서나 살아 꿈틀거리는 소식이었지만, 저녁 무렵 동네 입구에서 들려오는 오토바이 소리는 장남(長男)에 대한 엄마의 무한한 자랑스러움이었고, 한때 나는 외양간 문을 열어 귀한 오토바이를 모셔야 하는 시간도 있었습니다만

나는
"형 온다"라는 엄마의 목소리가 안마당에서 대문을 나가기도 전에, 바람보다 빠르게 뛰어나가 외양간 문을 열 것이지만, 지금 엄마는 저 하늘의 별이 되셨고, 형제들과는 자꾸 멀어지기만 하는 안타까움에 오늘 밤 취중에 전보라도 한 통 보내고 싶은 마음 굴뚝같소이다

올해가
가기 전에 우리 형제 한번 모여 술 한잔 합시다

「급(急) 형제(兄弟) 회동(會同)」

★ 전보(電報)는 138년 만에 KT가 서비스를 종료하면서 역사 속으로 사라졌다.

누구냐 넌

이 씨
고아로 떠도는 금동이를 양아들로 키우는 「전원일기」를 보고 눈물 흘리고, 이산가족 사연과 상봉 장면을 보고 눈물 흘리고, 성수대교가 무너져 젊은 여고생들의 사망 소식에 눈물 흘리고, 삼풍백화점이 무너져 수많은 사람들의 죽음을 보고 눈물 흘리고, 자기보다 어려운 사람들을 위해 불우이웃 성금을 내는 기초수급자를 보고 눈물 흘리고, 조부 조모 손에 자라면서 꿈을 잊지 않고 사는 소년 소녀들을 보고 눈물 흘리고, 홍수 피해로 집을 잃고 사망한 이재민들을 보고 눈물 흘리고, 정신병이나 사회부적응자들이 휘두른 흉기에 쓰러진 사람을 보고 눈물 흘리고, 어떤 이유로든 가족들과 떨어져 고시원 쪽방 사는 사람과 노숙자들을 보고 눈물 흘리고, 우크라이나에서 가자지구에서 전쟁으로 죽어 가는 사람들을 보고 눈물 흘리는 이 씨

李氏
사랑이라는 이름으로 상처 주고, 공짜로 기차 타고, 버스도 타고, 외상 술값 떼어먹고, 짧은 치마 젊은 여성을 보고 음흉한 생각을 하고, 세끼 밥 굶지 않고 살면서 더 가진 사람을 미워하고, 로또복권 연금복권 1등에 당첨되는 행운을 꿈꾸고, 잘나가는 다른 집 자식들과 내 자식들을 비교하고, 무얼 잘못했는지 한때 다정했던 친구가 떠나고,

따사로운 가을볕이 우리 집 베란다에 오래도록 머물길 바라고, 가끔 꺼먼 봉지 흰 봉다리 구별 못 하는 李氏

이C
여자가 여자를 사랑하는 동성애도 남자가 남자를 사랑하는 동성애도 내 주변 내 가족 아니면 상관없고, 새마을금고에서 내 돈만 안 떼먹으면 그만이고, 내가 사는 아파트 값만 오르면 되고, 나만 전세 사기 당하지 않으면 되고, 정치는 모르겠고 나만 잘 살면 되고, 경제는 모르지만 돈은 많고 싶고, 주변에서 굶어 죽건 말건 나만 배불리 먹고 살면 그만인 이C

힌남노

여든일곱 먹은 치매가 있는
노모가 집을 나갔다고 쉰일곱 딸이 찾아왔고

열일곱 먹은 딸이
어젯밤 안 들어왔다고 마흔일곱 엄마가 찾아왔고

대머리 땅딸보 배불뚝이 동네 깡패가
초저녁부터 술이 가득해 시비 걸러 찾아왔지만

아주 특별한 손님은

청개구리
한 마리가 가슴께 높이 창문틀에 매달려 있다

아마도 그놈은
힌남노가 휩쓸고 간 제 어미 무덤을 찾아 달라는
부탁을 하러 찾아온 것으로 짐작만 할 뿐이다

강력한 태풍이 분다는 일기예보도
아랑곳없이 갯바위 낚시에 빠져 파도에 쓸려 가고

장마철 계곡물이 불어나 위험하다는
경고에도 텐트 치고 술 먹고 자다 쓸려 가고

세상엔 우리가 모르는 청개구리들이 많다

청개구리들은 여기도 살고 당신 옆에도 산다

★ 힌남노: 라오스 국립공원 이름으로 2022년 우리나라 남부 지방에 큰 피해를 입힌 제11호 태풍.

개는 발이고 사람은 손이다

개는 앞발과 뒷발이고

사람은 손과 발이다

개를 좋아하는 사람들은
개를 만날 때마다 집이건 공원이건 장소를 가리지 않고 개 앞에 쪼그려 앉아 손을 내밀면서 개와 눈 맞춤을 하고 손, 이라고

앞발은 크고 뒷발은 작다

사람들을 좋아하는 개는
사람들을 만날 때마다 집이건 공원이건 장소를 가리지 않고 사람들이 자기 앞에 쪼그려 앉아 손을 내밀면서 눈 맞춤을 하고 손, 이라고

사람의 손과 개의 앞발은 동일하다?

개를 좋아하는 사람들이
개의 앞발을 손이라고 착각을 해도 사람들을 좋아하는 개가 앞발을 손이라고 착각을 해도 어제는 갔고 오늘도 가고 내일도 왔다 갈 것이기에

좌파의 집요한 떼씀과
매 순간순간 자기모순과 싸우면서 맹렬히 끓다 구심점을
잃고 양은 냄비같이 식어 갈 586
한 줌 이념들

사람이 개의 발을 손으로 생각하는지
개가 제 앞발을 손으로 생각하는지 구별 못 하고 가엾이
노쇠해 가는 그들을 생각하며 사람의 손과 개의 앞발을
소환한다

꿈(夢)

세상에
글 쓰는 사람이 어디 한둘이오

나는 그중에
관촌수필을 쓴 촌스러운 이문구 선배가 제일인 줄 아오

세상에
시(詩) 쓰는 사람이 어디 한둘이오

나는 그중에
어은당 일기를 쓴 이관형 시인이 제일이라 생각하오

왜
불만이오?

누구나 시인

치매 할머니가
딸이 붙잡은 휠체어를 타고 좁은 골목을 내려오며 해맑은
얼굴로 함박웃음을 짓다 이가 빠져 쪼글쪼글한 입으로
시인 같은 한 말씀 하신다

햇빛이 나만 따라 오네
햇빛이 나를 짝사랑하나
내가 햇빛을 짝사랑하나

휠체어를 밀고 있는 딸은
우리 엄마 시인 다 됐다고
이것은 적어야 되는데, 적어 놔야 되는데~~

효심 가득한 딸이
엄마를 한껏 추켜세우는 볕 가득한 좁다란 골목에도
시인이 산다

★ KBS 〈[시사기획 창] 마음의 흐름과 마주하다 ― 치매〉 프로그램을 보고.

못다 한 효도

어린 아들 무등 태워 과자
사 준다고 꾀어 목욕탕을 네다섯 번 갔지

사실은 매일 보는 동네
계원들에게 늦둥이 고추 자랑하러 갔지만

대관절 고추가 뭣이간디
한편 효도는 한 것 같은 마음이었는데
어머니 먼저 돌아가시고
동네 사람들이 백수 하신다던 아버지는

삼 년을 못 참고
금슬도 안 좋았던 어머니를 따라가시고

평택 근무할 때 귀동냥으로 들었던 얘기
모친이 먼저 가시고 늙은 아버지만 남아

한 달에 두 번 목욕시켜 드리고
미아리 텍사스촌 같은 평택 삼리 아가씨에게

십만 원 찔러 주며 아버지를
부탁했다는 술 취한 어느 사내 얘기를 듣고

아버지 더 늙고 기력
떨어지면 그 사람 한번 따라 해 볼까 했는데

삼 년 만에 조강지처 따라가시는 통에
효도다운 효도할 기회를 놓치고 말았네

나의 아폴로 우주선

아랫마을 춘식이 아부지가
작년 겨울에 조선낫으로 꽁꽁 언 청솔가지
쩍쩍 찍어 도둑나무 한 짐 하고 난 그 자리에

송진을 토해 내며 그 겨울을 나고
송화 가루 날리는 봄이 지나고
장대 같은 소나기 한 줄로 여름 나고
솔잎 떨어지는 가을에 광솔*이 되고

설 지나
대보름달이 뜨기 며칠 전부터 수선스러운

동네 꼬맹이들은 광솔을
자르고 삭정이를 줍고 솔방울을 모으고

신작로 양쪽을 샅샅이 살피다
읍내 장터까지 나가 겨우 깡통을 하나 구했지

깡통 중간에
못 구멍을 여러 군데 돌아가며 뚫고

단단한 철사로
배꼽 밑까지 올라오게 줄을 만들어

우리 동네에서 방죽같이 제일 큰 논
오에미★ 논두렁에서 쥐불놀이★를 했지

깡통에 담긴 광솔 삭정이 솔방울은 그날 밤
대보름달보다 밝게 둥글게 불꽃을 튀기며 타오르다

오에미 논바닥으로 길고 긴
불꼬리를 쏟으며 아폴로 우주선 같이 날아올랐지

★ 광솔: 관솔의 사투리로 송진이 엉긴 소나무 가지나 옹이를 뜻한다. 불이 잘 붙어 예전엔 등불 대신 이용했다.
★ 오에미: 우리 동네에서 제일 컸던 논.
★ 쥐불놀이: 내가 자란 경기도 화성에서는 「망울놀이」 혹은 「망우리 돌리기」라고 했다. 「정월대보름 망월이여」 「망우리야」가 지역 사투리로 변한 것으로 보인다.

우리는 기억을 덮고 지워 가며 산다

기억(記憶)

예전의 인상이나 경험을 의식 속에 간직하거나 생각해 내고, 사물이나 사상(事象)에 대한 정보를 마음속에 받아들이고 저장하고 때로는 인출하고, 정보 통신 계산에 필요한 정보를 필요한 시간만큼 수용하여 두는 뇌의 기능을 기억이라 하는데

흙 위의
모든 기억을 시멘트로 덮는 것처럼

땅 위의
모든 역사를 아스팔트로 지워 가며

너도나도 열심히 그렇게들 지워 가며 사는 것처럼

나의 통찰은
깨진 사금파리 뒷면을 넘지 못하고

나의 꿰뚫어 봄은
깨진 유리 조각 뒤는 확인할 수 있다

나의 통찰은
나 자신을 가린 가림막을 넘지 못하고

나의 꿰뚫어 봄은
언제나 부처님 손바닥 안 손오공이다

유품(遺品)

아버지는 여든넷에 졸하시면서
재산이나 값이 나가는 귀중품 혹은 추억의 물건도 남기지 않았다

솔직히 말해서
흑백사진 몇 장 외에 유품을 정리하고 말 것도 없었다

옷가지들은 태워 한 줌 재가 되고 말았고, 해방이 되면서 수도사단에 입대해 군 복무를 하던 중 6.25 전쟁이 터지고, 훗날 경주지구 안강전투라고 불리는 싸움에서 큰 부상을 입어 명예전역한 상이군인이 되어 노태우 정권 시절 「국가유공자의 집」이라는 문패를 대문 높이 달아 놓았는데 어디로 갔는지 찾지도 못하고 문패는 오리무중이다

아버지가 수원 남문시장 리어카 노점상에서 산
안경다리가 거꾸로 달린 하늘색 선글라스를 생전에
주셨고 그 안경은 지금도 책장에서 안경집도 없이 먼지를
맞고 있다

아버지는 별나게 생긴 안경을 왜 사셨고
아버지는 그 안경으로 무엇을 보셨을까?

아버지가 만졌던 유일한 물건인 안경은
내 책장에서 여전히 날 내려다보고 있지만

훗날 나는
내 아이들에게 어떤 유품을 남길 수 있을까?

나중에 후손들이 우리가 이렇게 고생한 걸 알기나 할까?

그렇다
이름 없는 격군의 외침이다

영화 「명량」에서 승전하고 돌아오면서
거북선이나 판옥선 밑바닥에서 노를 젓는 수부(水夫)들의
자조 섞인 한마디가 아닌가?

어디 기억할 사람들이 이들뿐이랴!

연평 해전에서 전사한 젊은 군인들이 그렇고, 화재
현장에서 순직한 소방관들이 그렇고, 시민의 생명을
지키다 순직한 경찰관들이 그렇다

모르는 사람의 어려움을 돕다 희생된 이가 그렇고,
물 차오른 반지하 주민을 구한 시민들이 그렇고, 아무도
모르게 선행을 베푸는 사람들이 그렇다

그렇다
오늘을 사는 우리 모두가 영웅이듯이

이름 없는 격군과
남을 위해 나를 던진 우리 시대 진정한
영웅들을 기억하고 기억해야 할 것이다

죄를 고백하고 지독한 과오(過誤)를
후회 없이 쏟아 냈다

스멀스멀 소식이 꿈틀거리면서 천천히 오고 있었다 네 맛도 내 맛도 아닌 시큼한 스포츠음료 맛 물이 임산부 입덧하듯 메스껍게 속을 휘젓고 다니고 참아 보려 조였지만 내 괄약근은 내 의지를 넘어서고 오십 분이 지나자 참을 수 없는 급절박이 몰아치고 수돗물 쏟아지듯 쏟아져 나오는 내 안의 과오(過誤)들

아홉 시 KBS 뉴스에서는
나훈아 형이 마이크를 내려놓는다는 것이 이렇게 힘이 들 줄 몰랐다며 박수 칠 때 떠나는 은퇴 공연을 한다는 보도가 나오면서 입덧은 천천히 가라앉고 열한 번이나 내 안의 지독한 과오를 씻어 내듯 반성하며 배출했다

내 이름 대신
번호표 숫자로 나를 호명한 간호사는

사흘 전부터 먹지 말아야 할 음식은
잡곡밥, 검은 쌀, 현미밥, 깨죽, 김치, 나물, 미역, 김, 다시마, 콩나물, 수박, 참외, 딸기, 포도, 키위, 고추, 옥수수, 땅콩, 잣, 호두는 절대 섭취하면 안 되고,

먹을 수 있는 음식은
흰쌀밥, 흰죽, 계란, 두부, 묵, 맑은 국물, 흰살생선,
카스테라, 백설기, 이온음료, 바나나, 껍질 벗긴 사과는
먹어도 된다는 긴 설명을 마치고,

검사 전날에는
아침부터 오후 다섯 시까지 흰죽과 간장만 먹고 오후 다섯
시부터 금식을 하면서 저녁 일곱 시에는 듀락칸이지시럽★
2포를 복용하고 저녁 여덟 시부터 아홉 시 사이에
크린뷰올★ 1통을 마시고 생수 2통을 자기 전에 마시고,

검사 당일에는
새벽 다섯 시에서 여섯 시 사이에 크린뷰올 1통을 마시고
아침 여섯 시에 가소콜★ 1포를 복용하고 여덟 시 전까지
생수 2통을 마시고 이후에는 물 포함 아무것도 먹으면 안
된다는 긴 겁박을 끝냈다

아점으로 쌀밥을
누룽지처럼 팔팔 끓여 간장 없이 먹고
커피 한 잔을 마시고

오전엔
운동권 시인 이산하가 쓴 『악의 평범성』을 읽고

오후에는
시집을 팔아 돈을 벌겠다는 생각을 애초에 하지 않았다는
서른다섯 젊은 시인 이서은이 쓴 『잘 구워진 벽』이라는
시집을 읽으면서 존맛탱*이라는 신조어를 배웠고,

동지 지나 열흘이면 노루 꼬리만큼씩 길어진다는 해는
어느새 두 뼘 세 뼘이나 길어져 건너편 산보다 높은
아파트 단지 뒤로 숨으려면 다섯 뼘이나 남았지만 배가
고파 동네를 어슬렁거렸다

살이 빠지고
동네병원에서 측정한 혈압은 154/98
술을 지고는 못 가도 마시고 가던 시절
비싼 맥주 대신 소주를 마시던 시절
어떤 주당들은 숫자를 무시하고
어떤 주당들은 1, 3, 5, 7, 9를 철저히 지키던
시절도 있었지만

같이 사는 여자 말에 따르면 술이 문제라는 조언에 따라
금주를 시작하고 내시경 검사를 받기로 했다

일곱 시에
변비를 없애는 듀락칸이지시럽 2포를 먹고

여덟 시에
장 정결제 크린뷰올을 생수에 섞어 500ml를 천천히 마셨다

참아 보려
애썼지만 내 괄약근은 내 의지를 넘어서 나를 시험하고
열한 번이나 죄를 고백하고 지독한 내 과오를 수돗물처럼
혹은 찔끔찔끔 쏟아 낸 다음 날

새벽 다섯 시
고문처럼 크린뷰올 500ml를 마시고 임산부처럼 입덧이
나올 듯 말 듯 여전히 속은 메스껍고 애쓰고 조였지만 내
괄약근은 내 의지를 또 넘어서고 오십 분이 지나 고백하지
못한 내 죄를 마저 고백하듯이 좍좍 찔끔찔끔 내 안의 지
독한 과오들을 또 한 번 더 그렇게 난 지난 세월 잘못들을
씻어 내고 말끔히 지웠다

속옷은 물론 양말까지 벗고 침대에 누워
위 진정제와 가스 제거제를 마시고 목 주변 마취가 되는
약을 머금고 있다 마시고 뭔가 배 속이 불편한 것 같기도
하다 잠이 깨면서 검사는 끝났다

나의 죄를 다시 한번 고백하지 않을 수 없다
위에는 음주로 인한 염증이 산재해 있고 대장에서 떼어 낸
커다란 용종은 조직검사를 보내고 복부와 갑상선
초음파에서는 별다른 징후가 없고, 혈액검사에서 나오는
공복 당, 간 수치, 전립선 수치를 기다릴 뿐이다

나는 나의 죄를 자복했던 것이다

★ 듀락칸이지시럽: 만성변비, 영유아 변비, 소아 변비, 분만 후 변비 치료에 사용되는 약으로, 의사의 처방전 없이 누구나 약국에서 구입할 수 있는 일반 의약품이다.
★ 크린뷰올: 태준 제약에서 대장내시경 전에 복용하는 장 정결제로, 기존의 제품과는 다르게 마시는 물의 양을 1/3로 대폭 줄인 게 특징이다. 특허 소송에서 패소했지만, 또 다른 특허인 장세척을 위한 조성물 특허는 남아 있다.
★ 가소콜: 복부에 가스가 차서 생기는 불편함을 완화하기 위한 약물이다.
★ 존맛탱: 매우, 정말 맛있다는 뜻의 '존맛'에 강조하는 '탱'을 붙인 은어(隱語).

제1 독자

허튼 시 나부랭이

120편을 엮어
두 번째 시집을 준비하면서 출판사 중도금 75만 원이
부족해 마누라에게 입금을 부탁했는데

구시렁구시렁

돈도 없는데 팔리지도 않는
시집을 또 내느냐며 하루 종일 타박을 해 대지만 막상
시집이 도착하면 지인들에게 나눠 줄 거라며 사인을
하라는 둥 한동안 수선을 피우다

잠든 나 몰래
내 시집을 죄다 읽어 보는 마누라는 제1 독자다

양강산 진달래

진달래가 피는 봄이면 어김없이 비가 내렸다

그날도 비가 오고

늙은 아비와 어미는 동네
사람들에 둘러싸여 옹색한 마당을 어지럽게 밟고

진달래를 따러 갔던 양강산에서 젊은 영혼은
초경(初經) 닮은 어린 꽃잎을 손에 쥔 채 잠들어 있었다

진달래가 지천으로 핀 경사진
꽃밭에서 혼곤(昏困)하여 끝내 눈을 떠 일어나지 못하고

동네 조무래기들은 진달래
꽃잎을 따 먹으러 우르르 양강산으로 몰려가고

젊은 그도 비가 오는 날이면
붉은색 옷 입고 얼굴도 붉어진 채 꽃을 따러 갔고

교련복을 입고 기타를 쳤다
C코드가 어떻고 D7과 E코드가 어떤지도 모른 채

신문 배달을 하고 우유 배달을 하다
추위와 배고픔에 지쳐 그 좋다는 서울에서 도망치고

종가(宗家) 늙은
아비는 말이 없고 재취(再娶) 자리 어미만 조석으로 지청구

이놈의 자식아 온종일 기타만
동당거리면 거기서 돈이 나오느냐 쌀이 나오느냐

하루에도 열두 번씩 가래 섞인 소리는
이어졌지만 기타를 껴안고 오른손만 까딱이던 청춘

그날도 비가 왔지

비에 젖은 진달래는 더욱 붉었고
붉은 꽃잎을 가슴에도 한 무더기 올려놓은 채

울도 없이 허물어지는 종가처럼 일어날 줄 모르고
잘난 이복(異腹)형제들은 어디로 갔을까?

★ 양강산: 내가 나고 자란 동네의 작은 산.

술

술은 인간을 달래 주지 않는다
오히려 광기에서 힘을 내게 하고
운명의 주인이 될 지고의 영역으로 데려간다
그 어떤 인간도 그 어떤 시나 음악이나 문학이나 미술도 술이 중요한 창조 행위를 한다는 환상을 대신하지 못한다 술은 바로 그러한 창조 행위를 대신하기 위해 존재한다

- 프랑스 작가 마르그리트 뒤라스의
「물질적 삶」 중에서

그럼에도

나의 글은
혼자 걷는 시간이 필요하고

나의 글은
Classic 음악이 필요하고

나의 글이
한 줄도 나가지 못하고 머뭇거릴 때

나의 글은
적당한 alcohol을 필요로 한다

총각김치

총각김치★
당신이 총각김치라는 네 글자를 보고
장가 안 간 총각의 그것을 연상한다면
당신은 어쩔 수 없이 나이 든 축에 드는 사람이다

총각김치라는 말은
1959년 여원(女苑)이라는
여성 잡지에 인쇄되어 처음 글자로 등장한다

잡지 여원의 내용을 살펴보면

재료의 선택과 구입 항목에서 손이 가지만 총각김치 감이 있다. 아주 서민적이고 애교 있는 김치로 한겨울에 손에 들고 어적어적 먹는 시원한 맛은 겨울이 아니면 얻을 수 없다고 했다

1964년 8월에는
「총각김치」라는 영화가 청소년 입장 불가로 만들어지고
당대 최고의 스타였던 신성일과 엄앵란이 주연을 맡았다

영화에서 총각김치는
돈 많고 좋은 학교 나오고 외국 다녀오고
잘생긴 미혼 남성을 뜻하는 은어(隱語)로 표현되지만

영화에 나오는 미숙이는 총각김치를 집어 들고
"언니 이거 말야" "꼭 그거 같지" 호호 하고 웃는다

1950년대 말 장가 안 간
총각의 그것을 뜻하는 은어였던 총각김치는
1988년 원래 이름인 「알타리무」 「알타리무김치」를
밀어 내고 「총각김치」가 표준어로 선정되었다는 얘기를

마누라와 마주 앉아
배추김치 몇 포기 총각김치 한 대접 김장을 하고

낯모르는 여자가
"증기 배출을 시작합니다" 소리에

김이 모락모락 오르는 뜨신 쌀밥에 잘 익은
총각김치를 손으로 집어 어석어석 먹는 상상을 한다

★ 총각김치: 조선일보 김성윤 칼럼 참고.

껍데기는 가라

고대 그리스의 철학자
소크라테스는 독배를 마시고 죽어 가면서 친구에게 닭 한
마리를 빚졌으니 대신 갚아 달라는 유언을 남기고 죽었고

왕년의 시인 신동엽은
껍데기는 가라고 외쳤건만 나는 그 껍데기를 붙잡고
살아왔느니

나는 누구에게 갚을 빚이 있고
누구에게 받을 빚이 있는 것은 아니지만
혹 내가 모르는 빚이 있다면 누구에게 대신 갚아 달라고
부탁을 해야 하나

나는 손톱과 발톱이
자라는 속도만큼 치열하게 껍데기를 붙잡고 살아왔느니

몽정을 하면서
내 오른손은 그걸 붙잡고 왼손은 너의 치마 속에 있었고

나는 슬픔을 닦아 내기 위해
손목에 스냅을 주어 크리넥스를 낚아채는데 너도 그러는지

몽돌해변에서
주워 든 매끈하고 동그란 몽돌은 너의 그것이 생각나고

김민정 시인은
『너의 거기는 작고 나의 여기는 커서 우리들은 헤어지는 중입니다』라는 시집 제목으로 누굴 꾀는지

동물원에 갔는데 마침 그것들이
그 짓을 하고 있어 나는 내가 그 짓을 하다 들킨 것처럼
사방을 둘러보면서 가쁜 숨을 몰아쉬었지

그리하여
껍데기는 진즉에 갔어야 하는데 아직도 껍데기를 붙잡고 있으니

살아생전 꽃 한 송이 받아 보지 못하고
오늘 죽은 저 사람은 저 많은
화환(花環)을 죽어서 받았으니 저이는 행복할까?

★ 껍데기는 가라: 시인 신동엽의 시 제목 차용.

아버님 아버님 아버님

나이도 어린데
얼굴 여기저기 검버섯이 피면서 왼쪽 뺨에 콩 반쪽만 한
짙은 갈색에 손톱이나 면도기로 긁어도 될 만큼 거친 것이
필시 피부암이 아닐까?

하는,
한걱정을 하고 있었지만
마누라는 나이 먹고 늙어서 나는 기미 검버섯이라고
일축하고 걱정하지 말라 하지만 이쯤에서 물러날 위인도
아니고

퇴직 후
삼식이가 된 첫해 아직 크게 눈치 볼 것도 없는 마당이라
큰아이에게 SOS를 몇 번 친 끝에 마누라와 큰아이
대동하고 피부과에 진료를 받으러 간 사연은 이랬다

젊은 여의사 왈
아버님 피부암은 무슨 피부암이에요
나이가 드시면 기미 검버섯은 자연스러운 것이니까
걱정하지 마시고 내원하신 김에 싹 제거하고 청춘을
되찾으시면 어떨까요?

하는,
꾐에 넘어가
다섯 차례에 걸쳐
레이저 시술을 받기로 서명을 하고 말았다

돌아오는 차 안에서 가만히 생각해 보니
아니 어째서 내가 여의사의 아버님인가?
사위는커녕 며느리도 못 본 나에게

아버님이라는 호칭
병원에 가도 아버님이고 편의점에 가도 아버님이고
식당에 가도 아버님이고 커피숍에 가도 아버님인데

올해는
나도 번듯한 사위라도 한 놈
얻어 아버님 소리를 제대로 들어 봤으면 좋겠다

동강치마

동강치마 입은 당신은 죄가 없다
당신의 허벅지를 훔쳐본 내가 죄인이다

배꼽티 입은 당신은 죄가 없다
당신의 배꼽을 훔쳐본 내가 죄인이다

민소매 입은 당신은 죄가 없다
당신의 브래지어 끈을 훔쳐본 내가 죄인이다

1958년 영국인 디자이너 메리 퀀트가 우리말 동강치마를
자기들 언어로 미니스커트라고 명명한 지 60년이
지났지만, 어디 그 시절을 살던 남자들이나 지금을 사는
남자들이라고 눈 감고 살았을까?

거리에서 지하철에서 버스에서 술집에서
눈을 어디에 둬야 좋을지 모르는 세상에 살고 있다

사회적 신분이 높으나 낮으나
나이가 많으나 어리나 죄다 몰카 삼매경이다

차라리
남자들도 동강치마에 배꼽티를 입고 다니자

★ 동강치마: 무릎까지 보이는 짧은 치마를 칭하는 순우리말.

낙산사 홍련암

나는 발톱이 자라는 속도만큼 과장되게 살아왔다
나는 손톱이 자라는 속도만큼 치열하게 살아왔다

사는 속도는 누구나 다르다
속도를 감당하며 살든 못하며 살든 둘 중 하나다

한적한 항구에는 빨간 우체통 닮은 등대가 서 있고
바다에 사는 파도는 밤낮을 가리지 않고 수신인 없는
편지를 부치려 안간힘이다
그래서 바다는 검다 파도도 검다

바다는 때로 섬섬(閃閃)*하기도 하다

파도는 성이 난 채 높이 으르렁거리지만 이내 성은
가라앉고 그리스 신화 속 하염없는
시시포스(Sisyphus)*가 된다

파도는 부패되지 않게 조작되고
가공된 스팸(Spam)* 통조림이 되어 유통되기도 한다

홍련암에 들어서면
설악 무산 스님 시조 한 자락이 폿말에 살아 있다

「밤늦도록 불경을 읽다 밤하늘을 보면
먼바다 울음소리를 홀로 듣노라면
천경(天經)과 만론(萬論)이 모두 바람에 이는 파도란다」라는

바다와 파도는 오늘도 검다
파도는 오늘도 성을 내며 시시포스가 되고 성을
가라앉히며 스팸이 된다

그렇다
바다와 파도는 수평을 유지하려 밤낮없이 성을 내며 수련
중이다

파도의 성정은 수평이다

★ 섬섬(閃閃): 번쩍이는 모양을 일컬음.
★ 시시포스(Sisyphus): 신들을 속인 죄로 바위를 산꼭대기로 밀어 올리는 벌을 받아, 바위를 정상 근처로 밀어 올리면 아래로 굴러떨어져 영원히 되풀이되는 형벌을 받게 된 그리스 신화 속 인물.
★ 스팸(Spam): 미국 호멜 사(Horme Foods)에서 돼지 앞다리 살과 뒷다리 살로 만들어 통조림으로 가공한 식품을 말하지만, 쓸모없는, 쓰레기라는 뜻으로도 쓰인다.

손오공의 주문

술이 가득해
가끔 전화를 해 오는 친구는
바로 받아도 시발이고
늦게 받아도 시발이다

오천 원 주고 로또복권 한 장 사고 시발
오천 원 주고 연금복권 다섯 장 사고 시발
매주 만 원을 투자하는데 시발

하느님 부처님이 작당해서 죄 술 사 먹나 시발
정성을 봐서라도 2등 한번 당첨될 만도 한데 시발
당최 이게 무슨 조화냐며 사뭇 한탄이다

난 오늘도 멋진 손오공의 주문을 외워 준다

우랑바리 나바롱 뿌따라카 뿌라냐 야잇★

이 주문은 친구 말고 나한테 먹혀라 야잇

★ 초등학교 시절 라디오 어린이연속극 「삼장법사와 손오공」에 나오는 손오공의 주문.

날로 먹어서

사람들이 가끔 제게 묻습니다

시집 세 권과 수필집 한 권을 내고
경찰관 제복을 36년이나 입고 살았으면서

경찰관의 보람 애환 긍지 고됨
사건 사고 같은 시나 글이 왜 없느냐고요?

그러면
나는 이렇게 대답을 합니다

날로 먹어서 그렇지요

제2부

누가 친일파인가?

누가 친일파인가?

1.
1889년생, 할아버지

몇 대를 이은 몰락한 향반 종손으로
조선 스물여섯 번째 임금 고종 26년에 출생
천자문과 논어 맹자 중용 대학 사서를 읽고
시경 서경 주역 삼경을 읽고 쓰고 외웠지만

조선은 끊임없는 왜놈의 침탈과 간섭으로

쌀 수출을 제한하는 방곡령을 시행하고
1894년 갑오개혁과 동학농민운동이 태동했지만
1895년 일본인 자객들은 조선 왕비를 시해하고
1896년 고종은 아관파천으로 몸을 피하고 나서
1897년 고종은 대한제국을 선포해 황제가 되었지

1904년 한성의 경찰권은 일본 헌병대가 장악하고
1905년 을사늑약으로 조선의 외교권이 박탈되어
1907년 헤이그 특사 문제로 순종에게 양위하고
1919년 대한제국 첫 황제는 불귀의 객이 된 세상

임금과 황제의 나라에서 살던 할아버지는
1945년 해방 여드레를 남기고 56세로 졸(卒)했다

임금과 황제의 나라에서
한일합병 식민지 엄혹한 천황폐하의 나라에서
불령선인이 되지 않기 위해 창씨개명을 하고
전전긍긍 살아야 했던

내 할아버지는 친일파인가?

2.
1926년생, 아버지

1910년 한일합병으로 조선, 나라는 사라지고
대일본제국 천황폐하의 식민지가 된 반도에서
1926년 더욱 몰락한 종가의 넷째로 태어나

1926년 6.10 독립만세운동이 일어났지만
일본 글자인 히라가나와 가타카나를 배웠고
대일본제국 신민으로 천황폐하께 충성을 맹세하는
황국신민서사를 매일 아침 외워야 하는 삶을 살다

1945년 해방과 1948년 대한민국 건국에 이어
1950년 6.25 전쟁에 참전하고 혼란의 시대를 거쳐
이승만과 윤보선, 박정희와 최규하의 시대를 살고
전두환과 노태우, 김영삼과 김대중의 시대를 살다
노무현의 시대에 84세로 졸(卒)했다

나라 없는 식민지 땅에서 태어나 천황폐하를 외쳤고
6.25 전쟁 참전 상이군인「국가유공자의 집」문패를 달고
9명의 대통령이 선출된 나라 대한민국에서 살다 가신

내 아버지는 친일파인가?
아니면, 평범한 애국자인가?

3.
1961년생, 나

박정희 군사혁명 정부에서 태어나

가나다라마바사
표준 국어 한글을 배우고, 새벽종이 울렸네, 새 아침이
밝았네, 너도나도 일어나 새마을을 만드세, 새마을 노래를
애국가만큼 듣고 자랐고

매년 국군의 날이면
몽당연필로 국군 장병 아저씨께 위문편지를 썼고

나는 자랑스러운 태극기 앞에
조국과 민족의 무궁한 영광을 위하여 몸과 마음을 바쳐
충성을 다할 것을 굳게 다짐합니다, 로 시작하는 국기에
대한 맹세를 외웠고

우리는 민족중흥의 역사적
사명을 띠고 이 땅에 태어났다, 반공 민주 정신에 투철한
애국 애족이 우리의 삶의 길이며 자유세계의 이상을
실현하는 기반이다, 로 시작하는 국민교육헌장을 외웠고

박정희 대통령이 저격당하고
또 한 명의 군인이 장충체육관에서 대통령이 되어
대한민국 제5공화국이 시작된 그해에

아랫도리가
발기하지 않는다는 건빵과 별사탕을 논산훈련소에서
먹었던 나와 비슷한 동년배들을 베이비붐 세대라고 하지

이런 대한민국에서
국방의 의무를 다하고 올림픽과 월드컵을 치러 내는 오랜
기간 경찰관 제복을 입다 자유인이 되어 주유천하 살면서

이웃 나라
일본 오사카와 오키나와를 여행하면서
아사히와 기린 맥주를 마시고 라멘을 먹어 본

나는 친일파인가?
아니면, 평범한 애국자인가?
아니면, 진정한 애국자인가?

4.
2000년생, 아들

새천년 즈믄둥이로 대한민국에서 출생

MZ세대를 살아가면서
증조부와 조부와 아버지의 시대 사건, 사고, 역사를
교과서에서 TV에서 인터넷에서 구전으로 들어
살아간다지만

카카오뱅크 토스 네이버페이
카카오페이와 휴대폰 인터넷 디지털 환경에 친숙하게
녹아 있는 아들 세대를 걱정하지만 따라갈 수 없는 나(我)

할아버지가 임금과 황제의 나라에서 살다 왜정을 겪고,
아버지가 식민지에서 태어나 전쟁을 겪다 해방을 맞고,
내가 베이비붐 세대로 태어나 바닥부터 어렵게 살았듯

아들도 험한
세상에서 굳건하게 아들 나름대로 생존할 것이다

아들은 태국 여행
경험이 있고 이웃 나라 일본도 여행하게 되겠지만

정략적으로 친일파와 죽창가를 소환하는 일은
너도나도 이젠 멈출 일이고 해선 안 되는 일
역사와 교과서로 새겨 서로 잊지 않을 일이다

아들은 애국자인가?
이 질문은 훗날 내가 할아버지가 되는 날로 미루고

아들은 이웃 나라 일본을 더 자주 여행할 것이고
아들은 이웃 나라 일본과 더 친밀한 시대를 살아갈
아들의 시대가

이 질문에 답하고 행동하길 바라면서……

충주 백운사

저 옛날 찬란한
불교문화의 기틀 위에 통일의 대업 이룬 신라인이 그들의
간절한 염원과 정기를 모아 이곳 한반도 중심 충주에
중앙탑을 세웠다네

그로부터 천년 지난
오늘에 이르러 그 위대함과 그 심오함과 그 광활함을 살려
새로운 천년의 정신적 중심지로서 붓다의 위대한 가르침
그 문화와 사상을 우뚝 세우고 널리 펼쳐

이 세상 온 무리의
마음으로부터 불신과 갈등과 미움과 혼돈을 빚어내는
어둠을 밝히고자 동남쪽 삼십 리 떨어진 이곳 남산 백운사
도량에 그를 닮은 작은 탑을 세우네

비문(碑文)이 있다

불신과 갈등 미움과 혼돈을
빚어내는 어둠을 밝혀야 할 정의기억연대와

그 동네 사람들이 그들만
진리라 외치는 내로남불 세상에 살면서……

참전기(參戰記)

나는 1926년 3월 16일
나라 없는 일제 식민지 치하에서 경기도 화성 장안면 은골
땅에서 경주 이씨 익제공파에서 파생한 묵암공파 17대
종가에서 넷째로 태어나

1945년 8월 15일
식민지 통치하에서 일본 글을 배우고 일본말을 배우는
암흑 같은 삶을 살다 모래라도 씹어 소화한다는
열아홉 살에 해방을 맞았다

대한민국 정부수립 3개월 전
남한에서 미국 군인들이 군정을 펼치던

1948년 3월 18일
피 끓는 청춘이던 스물두 살에 육군 보병으로 수도 사단에
입대 군 복무를 하던 중 6.25 전쟁이 발발하고

1950년 8월 4일
육군 수도 사단 1연대 소속으로
훗날 안강지구 전투라 불리는 포항 비학산 기슭에서
북괴군의 남하를 저지하고

고지 탈환을 위해 낮은 포복으로 산을 기어오르는 전투를
치르다 왼쪽 어깻죽지 밑에 총을 맞아 굴러떨어지면서
스물네 살에 좌전박부 골절 상해라는 큰 부상을 당하고

군대 생활이 어렵다는
재복무가 불가능한 상이군인으로 분류되어 육군 원호
부대인 839부대에 수용되어 있다가

1951년 6월 22일
스물다섯 살 때 명예전역
판정을 받아 고향에서 상이군인으로 근근이 살다

1991년 10월 21일
노태우 정부 시절 예순다섯 살이 되어서야
6.25 전쟁 참전유공자 전상 군인으로 선정되어
「국가유공자의 집」 문패를 대문 높이 달고 살던 나는

2007년 9월 3일
6.25 전쟁 참전용사로 평범하지만 평범하지 못한 삶을
살다 자식들 나름 기반 잡고 살아갈 때

여든네 살로 졸(卒)해
나고 자란 고향 땅에 먼저 간 조강지처와 나란히 누워
있는 나는 미력이나마 조국을 위해 헌신한 대한민국 참전
국가유공자다

★ 참전기(參戰記)는 고인이 되신 아버지의 시점으로 씀.
★ 안강지구 전투: 국군 수도 사단이 1950년 8월 9일부터 9월 14일까지 안강, 포항, 경주 일대에서 북한군 제12사단의 남진을 저지한 방어 전투로, 국가보훈처 공문서에 아버지의 부상일시는 1950년 8월 4일로 기록되어 있다.
★ 육군 원호부대인 839부대: 중공군의 개입으로 전쟁이 더욱 치열해지면서 수많은 전상자가 발생하자 우리 정부에서는 1951년 1월 12일 제1차 명예제대를 실시했는데, 이들은 재복무가 불가능한 상이용사들로 당시 육군 원호부대(제839부대)에 수용되어 있다가 매월 한 차례씩 제대 조치가 이루어져 총 20차에 걸쳐 장교 573명, 사병 5만 3,239명 등 총 5만 3,812명이 제대 특명을 받았다.

행복한 글의 유희

단단히 여물지 못하고 쭉정이가 된 콩깍지처럼
주목받지 못하면서도 형편없는 시와 글을 쓰고
또 쓰는 이유는 어쨌거나 나의 어제고 나의 오늘이고 나의
내일이기 때문이다

그래서
시와 글로 밥벌이는 못 하지만

그래도
나를 위로하는 내 삶의 한 축

그래서
나는 오늘도 수작(手作)을 하고

그래서
나는 오늘도 수작(酬酌)을 부리다

그래서
나는 오늘도 수작(秀作)을 기다린다

이태원
♦ 부제: 곡두*

나는 거기에 있었고
나는 거기에 없었다

너도 거기에 있었고
너도 거기에 없었다

너의 아들은 거기에 있었고
너의 아들은 거기에 없었다

나의 두 딸은 거기에 있었고
나의 두 딸은 거기에 없었다

나의 군대 간 아들은 거기에 있었고
나의 군대 간 아들은 거기에 없었다

수많은 젊은이의 맑은 얼굴이 촘촘하게 보이다
그라운드 제로 상태로 아무것도 보이지 않았다

골목엔 쓰레기만 바람에 날리고
나의 아들이 너의 딸이 거기 골목에 들어찼다

넘어지고.................................
넘어지고.................................

쓰러지고.................................
쓰러지고.................................

밟히고.....................................
밟히고.....................................

넘어지고 쓰러지고 밟히기 전의 시간을
2022년 10월 29일로 묶어 둘 수 없을까?

거기 네가 있었고
거기 너희들이 있었음을 우리는 언제까지 기억할까?

거기 그 골목이
너와 너희들의 발소리 목소리 숨소리가 있었음을

나는 기억하고
나와 너는 또 기억하지 못하고 오늘을 산다

살아 있다는 이유로
산 사람은 살아야 한다고 산 사람은 살아야 하기에

나는 이렇게나마 내 방식대로 잡히지 않는
비문증★에 손 내밀듯 곡두를 지우려 애쓴다

★ 곡두: 사람이나 물건의 모습이 눈앞에 없는데 있는 것처럼 보이다가 가뭇없이 사라져 버리는 현상으로 인생의 허무함을 극단적으로 표현한 말.
★ 비문증: 눈앞에 먼지나 벌레처럼 생긴 무언가가 떠다니는 것을 느끼는 증상.

내가 글을 쓰는 이유

뭔가를 읽어야 하고
뭔가를 써야만 하고

그러지 않으면 내 정신이 배겨 날 수가 없다

시라고 쓰고
시라고 엮은 것이
죄다 부끄러워 진땀이 날 지경이지만

그럼에도
내가 시를 쓰는 것은

젠체하기도 아니고
살아 있다는 몸부림도 아니고
그대와 함께 세상을 보기 때문도 아니다

나의
글과 시는

늘 부족하고 투박한
뭔가 더 채워야 할 미완성이기 때문이다

우리 시대 새로운 스승

매년 5월 15일은 스승의 날

초등학교에서 대학까지 많은 스승을 만나 가르침을 받아 살아왔고 오랜 시간 몸담았던 공직에서 물러나 자유인의 삶을 살아가는 와중에 마음으로부터 와닿는 참된 선생님 한 분을 만났다

이분은 그 어떤 선생님보다 더 고매하고 더 엄격하고 더 훌륭한 인격을 갖춘 분이라 혼자 가르침을 받기에는 동시대를 살아가는 세계 시민들에게 미안한 마음이 들어 아래와 같이 소개한다

이분은
인간 존중*을 최우선으로 하고

이분은
매사에 공정*하고

이분은
모두에게 안정감*을 주고

이분은
모든 행동에 책임감★을 느끼고

이분은
모든 일을 투명★하게 처리하는

최근에
혜성같이 나타난 AI 인공지능 선생님이다

급기야 AI 예술가 에이다(Ai-Da)★는
"나는 살아 있지 않지만 예술을 창작할 수 있다"라고,
증언하는 시대에

다 같이 경배하고 가르침을 청해
동양 평화를 넘어 세계 평화를 이루어야 하지
않을까?

★ 인간 존중·공정성·안정성·책임성·투명성: LG그룹 인공지능 윤리원칙.
★ 에이다(Ai-Da): 영국 의회에 참석해 증언한 AI 예술가.

구부러지는 햇볕

삼식이가 된 후 나의 하루는

아침 일찍 출근하는 둘째를 배웅하고
두 번째로 출근하는 마누라를 배웅하고
마지막으로 큰애 출근을 배웅하고

사람 나이 90이 넘은 늙은 수캐 아침
차려 드리고, 그 형님이 배설한 똥오줌 치우고

베란다에서

다 해진 안락의자에 앉아
밖에서 들어오는 냄새를 맡고
밖에서 들리는 소리를 듣고
아파트 정문을 들고나는 자동차를 보고
아파트 정문을 들고나는 사람들을 보다

베란다 벽을 타고
구부러지면서 사라지는 볕을 보는 일이다

구부러지는
볕을 쫓아가면 거기 붉은 노을 한 짐이

어느새 내 어깨에 걸려 있다

난 아직 부족해

마음에 금이 간 날

동네 산책길에 이어폰을 통해 내 영혼과 마음에 전해진
음악은 하필이면 세상에서 가장 슬픈 첼로 연주곡이라는
「자클린의 눈물」이 93.1 클래식 방송에서 흘러나와 공원
벤치에 앉아 듣고 있을 때

물까치 한 마리가
제 몸보다 세 배는 커 보이는
까치 한 마리와 영역 다툼을 하고 있다

공원 실개천 앞에서
벚나무 사이와 사이로 쫓고 쫓으며 날고
땅으로 곤두박질치면서 쫓고 쫓으며 날고

사람이 다가가건 말건
다리를 내밀고 부리로 쪼고 엎치락뒤치락
공중곡예를 벌이고 있다

전봇대에 앉은 까마귀 한 마리가 느긋하게
싸움 구경을 하다 서로 싸우던 까치와 물까치의
공격을 받고 공중전을 벌이는데

흰 점박이 까치는 위에서
하늘색 꽁지 물까치는 밑에서 쪼아 대며 까마귀를
놈들의 영역에서 쫓아내고 다시 두 놈이 싸울 때

짧지만 긴 「자클린의 눈물」 첼로 연주곡은
토마스 베르너라는 독일 첼리스트가 오펜바흐의 발표되지
않은 곡들을 정리하다 슬픈 선율의 악보를 우연히 발견하
고, 영국의 국화인 장미에 빗대 "우아한 영국의 장미" 불꽃
같은 삶을 살다 간 비운의 첼리스트 자클린을 추모하는 마
음으로 「자클린의 눈물」이라는 이름이 붙어 세계적으로 유
명해진 첼로 연주곡을 생각하면서

난 아직 부족해
저 까치도 제 밥을 지키기 위해 사력을 다하는데
저 물까치도 제 밥을 지키기 위해 몸부림을 치는데

난 아직 부족해
시다운 시도 쓰지 못하고
밥도 벌지 못하면서 마음에 금이 갔느니 어쩌고
저쩌고

난 아직 부족해

마라도

낮은 구름은
모슬포항을 부드럽게 애무하며 포옹하고

제주 올레길은
하루는 비 하루는 바람 하루는 햇볕

살레덕 선착장에는
깎아지른 벼랑 닮은 현무암의 검은 병풍

섬엔 넓은 잔디밭이 나를 반기고, 우후죽순 늘어선 짜장면 짬뽕집들의 원조와 최고 맛집이라는 호객은 이어지고, 늙은 교회는 한쪽이 무너져 버짐 먹은 얼굴이고, 작은 성당엔 언뜻 그림자가 지나가고, 사찰엔 대형 대리석 조각상들이 위엄 있게 내려다보고 있었지만, 별은 폐허가 된 상가 건물 흔들리는 문짝에서도 보이고, 바다엔 바람 소리 파도 소리가 이어지고, 마라도는 그렇게 밤에도 자리를 지키고 있었다

갑작스러운 거센 비바람에 빗방울은
날카로운 창이 되어 내 얼굴을 찌르지만

저 모든 것들은 나
저 모든 것들은 너

저 모든 것들의 주인은 나
저 모든 것들의 주인은 너

나는 울었지
저 모든 것들을 생각하며 가만히 울었지

멀리 이어도를
바라보며 가만가만 나는 울었지
(짜장면을 먹을 때는 울지 않았다)

★ 제주 올레길을 완주하고 찾은 마라도에서.

쉑쉑버거

촌놈이 뉴욕 한복판
맨해튼에서 젊은 애인과 마주 앉아

우리나라에서는 쉑쉑버거로 불리는
Shake Shack burger를, 감자튀김과 콜라를 시켜 먹다가
갑자기 이문구 작가의 단편소설 「행운유수(行雲流水)」의
고연수가 생각났다

햄버거는 가끔
아이들이 사 먹을 때 얻어먹어 봤지만

두꺼운 패티가 두 개 들어간다는
쉑쉑버거를 먹다가 뜬금없이 왜 고연수가 생각
났을까?

고연수가 대답했다
"누가 그러는디 식양늠덜은 순전 괴기, 과자, 과실, 우유
같은 맛난 것만 먹어서 변두 똑 과자 같더라구 허글래, 게
증말인가 허구서…"★

전쟁이 끝나고 너나없이 가진 것 없이 살던
시절 모내기를 하다 철로 둑 위에서 곁두리를 먹고

철도 레일을 베고 쉬는 틈에 고연수는
미군들이 기차에서 싼 똥이 바짝 마른 것을 주워 먹었던
것이다

쉑쉑버거를 다 먹고 젊은 애인에게
「행운유수」에 나오는 고연수 얘기를 짧게 들려주고

무엇 한 가지라도
흠잡을 것이 없나 둘러보다
우리는 철저히 분리수거를 하는데
뉴욕에서는 남은 음식이나 종이나 플라스틱이나 한곳에
버리고 전부 소각을 해 버린다는 것이었다

남은 감자튀김과 플라스틱 컵을
커다란 입을 검게 벌리고 서 있는 통에 냅다 던져 버렸다

★ 1973년 『월간중앙』에 발표한 이문구의 단편소설 「행운유수(行雲流水)」
의 원문을 그대로 인용한 것으로 『관촌수필』 세 번째에 실린 작품이다.

괴담(怪談)을 넘어서

선생들은 어디 있나요
교탁 밑에 숨어 계신가요?

과학자들은 어디 있나요
실험실에 숨어 계신가요?

교수들은 어디 있나요
강의실에 숨어 계신가요?

지식인들은 어디 있나요
책장 뒤에 숨어 계신가요?

정치인들은 어디 있나요
피켓 속에 숨어 계신가요?

선생은
사실을 말해야 하고

과학자들은
증명으로 말해야 하고

교수들은
진실을 말해야 하고

위정자들은 오종종히 들앉은 돌멩이가
아닌 넓은 마음으로 나라와 백성이 먼저라고
말해야 하는데

모두에게 묻노니
당대(堂代)만 살고 말 건가요?

당사자인 바닷가 사람들과
수산인 어민들이 이젠 직접 나서야 할 때입니다

촌구석 중늙은이는
할 수 있는 일이 없어 그저 답답하기만 합니다

★ 일본 후쿠시마 오염수 방류에 대해 대한민국 최초로 과학적인 사실을 말한 충북대 박일영, 원자력학회 정범진 교수와 전국의 수산업에 종사하는 어민들을 응원합니다.

인왕제색도

굵은 소나기가 한차례 지나고
젖은 돌은 현무암처럼 검게 빛나는 오후

바람은 도성의 주산(主山) 북악에서도 불어오고
바람은 도성의 안산(案山) 남산에서도 불어오고
바람은 도성의 좌청룡 낙산(駱山)에서도 불어오고
바람은 도성의 우백호 인왕(仁王)에서도 불어오고

안개는 바람에 밀려 행촌에서 사직동으로 흐르고
안개는 바람에 밀려 필운에서 누상동으로 흐르고
안개는 바람에 밀려 옥인에서 신교동으로 흐르고
안개는 바람에 밀려 청운에서 자하문으로 흐르고

소나무 숲에 가려진
기와집 사랑에는 호롱불 밝은데 밥 짓는 연기와
사람의 기척은 안개에 묻혀 보이지 않아도 불빛
새어 나오는 주인 없는 사랑에서 한 사내가

조선 최고의 명필 한석봉이 되었다가
추사체로 유명한 김정희도 되었다가
허균도 되었다가 정약용도 되었다가
한나절 화선지에 먹물 놀이를 하고 나왔다

★ 인왕제색도(仁王霽色圖): 조선 후기 화가 겸재(謙齋) 정선이 1751년 소나기가 지나간 뒤 비에 젖은 인왕산을 그린 그림.

웰다잉

단추야
눈이 작아 홀대받아도 괜찮아
너는 옷을 여며 나를 따뜻하게 해 주는 것처럼
누구나 어디엔가 무엇으로도 쓸모가 있지

다른 사람이 아닌
내가 원하는 삶을 살았더라면, 열심히 일하지 않았더라면,
감정을 표현할 용기가 있었더라면, 친구들과 계속
연락하고 지냈더라면, 더 많은 행복을 허락했더라면,

호주의 호스피스 간호사인 브로니 웨어가
말한 「죽을 때 가장 후회하는 다섯 가지」처럼

톨스토이는 말했지
산다는 것은 죽는 것과 같고, 잘 산다는 것은 잘 죽는 것과
같다. 그러므로 잘 죽도록 노력해야 한다고

세상에는 죽음만큼 확실한 게 없는데
사람들은 겨우살이 준비는 해도 죽음은 준비하지
않는다고도 했지

고령화 시대로 들어서면서
이른바 웰다잉에 대한 관심이 늘어 가고

건강하게 살다 후회를 남기지 않고
아름답고 품격 있는 죽음을 맞이하겠다는 것이다

웰다잉은 결국
얼마나 행복하게 삶을 살아가느냐에 연결돼 있지

어떤 죽음을 맞이할 것인가
누구나 한 번쯤 깊이 생각해 볼 문제다

나는 언제나 청춘이지만
중환자실에서 산소호흡기 꽂고 연명하는 삶은
사양한다

그리고
지금 하고 싶은 일을 하지 않으면
하고 싶은 일을 하고 싶을 때 하지 못하는 것처럼

나는 언제나
나의 마지막은 행복한 웰다잉을 꿈꾸며 산다

꼴림과 꿀림의 차이

초복에서 중복은 열흘
중복에서 말복은 스무날
복(伏)중에
시 한 줄 못 쓰고 땀만 흘리고 있다

계묘년
우리나라에서는 극한 호우가 쏟아지고
이란에서는 60도가 넘고
미국에서도 극한 호우와 토네이도에 휩쓸리고
이탈리아에서는 40도가 넘는 극한 계절에

계곡물에 발 담가
족탁(足濯)을 하면서 자칭 시인이라는 작자가
겨우 시원하단 소리만 하고 있으니 나는 시인도 아니다

파격은
일정한 격식을 깨뜨리는 것도 있지만
표준화된 규칙에서 벗어나 표현하는 것도 있나니

나는
오늘 시인도 뭣도 아닌 더위 사냥꾼이었다

우두머리가 된 수컷
원숭이는 무리의 암컷이 전부 마누라 아니면 애인

하이에나는 암컷이 우두머리라
무리의 수컷이 전부 지아비 아니면 정부(情夫)

꼴림은 자유지만

내가 말하는 꼴림은
그것이 흥분해서 일어나는 것이 아니라

어떤 일이 마음에 들지 않아
불끈 화가 나도 참아야 하는 그런 꼴림을 말하는 것이다

이젠 위아래 눈치 볼 것도 없고
억지로 웃기 같은 꼴림도 없는 아니꼬운 세상을 벗어나

한글 자모의 열아홉
번째 글자이자 모음의 다섯 번째 글자인 'ㅗ'

꼴에서 'ㅗ'를 뒤집어 꿀로 만들어
난, 무엇에도 꿀리지 않는 자유인이 된 것이다

그대 꼴리는가?
아니면 꿀리지 않는가?

무량(無量)

한때 조석으로
부처님 공부하다 문수산 법륜사 스님에게
수계(受戒)받고 향불로 손목에 화인(火印) 세 점을 새기며
받은 법명(法名)

무량(無量)
헤아릴 수 없이 많고 잴 수도 없이
많아 끝이 없다는 말을 가슴에 품었지만

어찌하여
매일 마음의 죄 겹겹이 지으며 살고

또 어찌하여
매일 마음의 죄 씻으며 살아야 할까?

Senior Army 1
◆ 부제: 나는 의병이다

1981년 9월 26일
논산훈련소 군번 13228500
2024년 1월 3일 세는 나이 예순넷
나는 대한민국 시니어아미로 다시 군에 입대했다

출생률 저하로 인구절벽 시대
병력자원 급감에 나라의 미래가 어려운 때 시니어
세대로 국가와 사회를 위해 무엇을 할 것인가?

국가안보 위기 시
젊은 세대에 앞서 위국 헌신 할 것을 다짐하고
자원하여 시니어아미로 두 번째 입대를 했다

시대가 노병을 부르고 있는 것이다

매년 6월은 호국보훈의 달
호국보훈의 달 첫날인 6월 1일은 의병의 날

의병은
나라가 적의 침입으로 위급한 순간에
이름 없는 민초들이 국가의 징발이나
명령 없이 자원하여 외세에 대항한 민간인

고려시대 거란과 몽고의
침입에도 이름 없는 민초들이 낫과 괭이를 들었고

임진왜란 당시에도 홍의장군
양반 곽재우와 이름 없는 백성과 승병이 나섰고

암흑 같은 식민지 시대
나라 잃은 설움에 신분 구별 없이 항일 의병 투쟁에 나섰고

6.25 한국전쟁에서는
군번 없는 학도병들이 교복을 입고 나서지 않았는가

2024년
매년 출생률 저하로 현역 군인이 모자라
국가가 위태로운 상황에 직면하게 되면
예비역 늙은 몸으로 민간인 신분이지만
나는 현대판 의병으로 시니어아미가 될 것이다

언제 어디서라도 적의 침입으로 나라가
위태로우면 시니어아미의 이름으로 총을 들 것이다

나는 의병이다
나라가 부르기 전에
시니어아미는 먼저 헌신할 것이다

★ 부록으로 시니어아미 '우리의 다짐'을 첨부한다.
1. 우리는 국가에 요구하지 않고 우리가 국가를 위해 할 바를 자문한다.
2. 우리는 평화를 희구하며 도발 억지에 보탬이 되고자 한다.
3. 우리는 인구벼랑 위기에 국가 예비자원으로 역할할 수 있도록 대비한다.
4. 우리는 대한민국 피침시 최우선 동원되기를 자원한다.
5. 우리는 대가없는 봉사와 자조를 긍지 삼는다.
6. 우리는 묵묵히 솔선수범할 뿐 대접받기를 바라지 않는다.
7. 우리는 인간 기본권을 위협하는 모든 기도에 대해 반대한다.
8. 우리는 엄정 정치중립을 지키며 일체의 정파적 행동을 배격한다.
9. 우리는 나라의 미래를 위한 합리적 대안을 담론하고 실천한다.

어느 가을날에

봄볕엔 며느리 내보내고
가을볕엔 딸을 내보낸다는데

기별도 없이 다가온 가을볕에 여름꽃은 대궁을
까맣게 태우고 붉은 고추 펼쳐진 멍석에 앉은

노파는 커다란 달덩이 같은 박을 붙잡고
당신 삶의 주름을 펴듯 박속을 긁어내는 한나절

마당 끝에는 누렁이 한 마리 졸고 있는데

이 가을이
너의 가을이냐?

이 가을이
나의 가을이냐?

나의 가을이 맞는다면

박속 긁는 저 늙은이 삶의 그림자를
당분간 셀프스토리지★에 보관하고 싶다

★ 셀프스토리지: 당장 필요하지 않은 물건들을 일정한 공간에 보관해 주는
  서비스.

Senior Army 2
◆ 부제: 나는 의병이다

스물네 살
윤봉길 의사는
일왕의 생일날 행사장에 폭탄을 던지고
스물네 살에 오사카 형무소에서 순국하였다

서른 살
안중근 의사는
침략의 원흉 이토 히로부미를 사살하고
서른한 살에 뤼순 감옥에서 순국하였다

서른한 살
이봉창 의사는
일본 국왕 히로히토에게 수류탄을 던지고
서른한 살에 이치가야 형무소에서 순국하였다

젊은 나이에 순국하신
그분들보다 나는 두 배 세 배는 더 살고 있다

대단한 애국자냐고?

나라가 위태로울 때

내가 먼저 죽어
후대의 젊은이들이 한 명이라도

더 살아남아 이 땅을 지켜 준다면

그것으로 된 것이다

그것으로 된 것이다

옴 마니 반메 훔

검은 토끼의 해 2023년 계묘년에는

묻지도 않고 따지지도 않고
기분 나쁘다고 찌르고 때리고 발로 차는
무차별 흉악 범죄가 기승을 부려 사회가 불안했고

땡볕을 가려 줄 그늘막도 없이 세계 젊은이들이
모여든 새만금 잼버리는 시작부터 파행인데 책임 있는
사람들은 서로 네 탓이라고 공방전만 벌이고

서울에서 내 집 마련을 하려면
20년 동안 한 푼 안 쓰고 모아야 한다는데
전셋돈이 내 집 마련의 사다리가 되지 못하고
사기를 당하는 피해가 전국으로 확산되고

우리 기술로 만든 누리호 3차 발사로
세계에서 자력으로 위성을 발사한 10번째 나라가 되었지만

근거 없는 자신감으로 K 아이돌만 내세우고
모두의 귀와 눈을 막은 정보력으로 대통령은
급기야 엑스포 유치 실패 사과까지 하고

물가 급등으로
빵 과장 라면 과장 등 물가 잡는 담당 공무원이
다시 등장하고

대학은 대학 자율에 맡겨야 함에도
대통령과 교육부는 킬러 문항을 없애야 한다며
불수능이 된 수능시험을 보면서 교육부를 없애야 한다는
세간의 여론에 귀를 기울이게 되고

암흑가에서나 간간이 소문이 나던 것이
연예인은 물론 일반인 학원 전문직 종사자들까지
전국으로 퍼져 마약 청정국 지위가 흔들리고

국지성 극한호우로 전국 여기저기에서
많은 피해가 나고 청주 오송 지하차도에서 14명이
빠져나오지 못해 참변을 당하고

839일 만에
코로나바이러스 마스크를 벗어 던지고
맨얼굴로 다니려니 뭔가 허전한 마음으로 한 해를 보냈지만

관세음보살의 자비를 나타내는
육자진언(六字眞言)을 외우면 관세음보살의 자비에 의해
번뇌와 죄악이 소멸되고 온갖 지혜와 공덕을 갖추게 되고

온 우주에 충만해 있는
지혜와 자비가 지상의 모든 존재에게 그대로 실현된다니

2024년 갑진년 청룡의 해
옴 마니 반메 훔 옴 마니 반메 훔 옴 마니 반메 훔

육자진언이나 열심히 암송해야겠다
옴 마니 반메 훔 옴 마니 반메 훔 옴 마니 반메 훔이다

혹시 아는가?
오늘 밤 꿈속에서
가릉빈가★의 날갯짓이라도 보게 될지

★ 가릉빈가: 불경에 나오는 상상의 새로 극락조로도 불린다.

나는 내가 되고 싶다

역삼역 기러기 인도인 스위스 별똥별 토마토
똑바로 읽어도 거꾸로 읽어도 같은 말이 되는
팰린드롬(palindrome)처럼

나는 똑바로 봐도 그 사람
거꾸로 봐도 그 사람이 되는 그런 사람이고 싶다

가로로 글을 읽다 보면
세로의 첫 글자가 숨은 뜻이 되어 삼행시가 되는
어크로스틱(acrostic)처럼

나는 가로로 봐도 그 사람
세로로 봐도 그 사람이 되는 그런 사람이고 싶다

그래서
나는 내가 되고 싶은 것이다

自由

외부적인 구속이나 무엇에 얽매이지
아니하고 자기 마음대로 할 수 있는 상태를

자유(自由)라고
국어사전은 말한다

보수(保守)가 말하는 자유는 무엇이고
진보(進步)가 말하는 자유는 무엇인가

한글을 다시 배우고
한자를 다시 배워야

진정한 자유의 뜻을 알까?

위정자들이 말하는 자유가
아침 다르고 저녁 다르다면 금배지를 내려놓으시오

그대들이 말하는 자유가
삶에 지쳐 허덕이는 백성들을 위한 것이 아니라면

그대들이 말하는 자유가
생존에 몸부림치는 대한민국을 위한 것이 아니라면

그대들이 애지중지 숭상하는 금배지를 내려놓으시오

좌우지간 자유가 대체 무엇이오?

신발을 다시 신게 하소서

저 유유히 흐르는 강물을 벼랑에서
내려다보던 처자도 가지런히 신발을 벗어 놓고

고운 모래의 속삭임이 발바닥을
간지럽힐 만도 한데 가지런히 신발을 벗어 놓고

바람 찬 빌딩 숲속에서 어지러움을
참고 교복 입은 학생이 가지런히 신발을 벗어 놓고

은행잎이 물들어 가는 가을의 초입에
반포대교에서 중년의 남자가 가지런히 신발을
벗어 놓았다

망자(亡者)들은
망자가 되기 전에 왜 신발을 벗을까?

세상에서 마지막으로 존재하던 장소를
기억하고 신발을 벗어 세속과의 모든 인연을
정리하는 것은 아닐까?

우리는 집 안에서 신발을 벗고
하다못해 망자에 대한 예의로

성묘를 할 때도 신발을 벗고 절하고
상가(喪家)에서도 신발을 벗고 절하지만

벼랑 끝에 서 있는 이여
바닷가 모래밭에 서 있는 이여
삭막한 빌딩 숲에 서 있는 이여
바람 찬 반포대교에 서 있는 이여

그대의
어지러운 마음을 속속들이 어찌 헤아리겠소만

신발을 다시 신고
어디든 자유롭게 새 마음으로 가게 하소서

날 저물어 바람은 차고 설은 다가오는데……

강진 터미널

대합실에는
손목을 다쳐 깁스한 할머니가 곱게 앉아 계셨고

어디를 가시는지 모르지만
버스가 들어오고 나갈 때마다 앉지도 못하고 일어서지도
못하고 안절부절 갱신이 어려운 또 한 명의 할머니가 있고

긴 의자 끝 모서리 밑에 감춰 놓은
붉은 화투로 오관을 띠며 생글생글 웃던 늙은이는

휘파람새가 홍매화
나뭇가지에 앉아 임을 본다는 두 끗짜리 매조와

장수와 국수를 먹는다는 목숨 수 자가 새겨진
아홉 끗짜리를 뽑아 든 머리 벗겨진 늙은이는

화투짝을 의자 밑에 다시 감추고
바람을 일으키며 쌩하니 자리를 박차고 나가고

오늘은 마량항 낚시 대회에서
갑오징어 1등에 천만 원 2등이 오백만 원이구

내일도 마량항 낚시 대회에서
감성돔 1등에 천만 원 2등이 오백만 원이라는

버스 기사들
목소리가 담배 연기에 가늘게 메아리치고

남도 사람들이 뻘탕이라 부르는 짱뚱어탕에
밥을 말아 게걸스럽게 방금 먹고 나온 사내가

입맛을 쩝쩝 다시며 대합실에 들어설 때

납작한 상가 지붕 위로
통통하게 살 오른 훤한 달이 모든 것을 알고 있다는 듯이
터미널 마당을 조용히 내려다보고 있었다

흘레 관전기

오뉴월 복더위가
한창 기승부리는 동네 어귀에서 개장국 신세를 간신히 면해 어슬렁거리던 발정 난 똥개 두 마리가 흘레붙는 광경은 제법 대단한 구경거리이자 목덜미에서 흘러내리는 땀을 닦아 내는 일과 손에 든 쥘부채를 팔랑거리는 일조차 잊게 하는 일이지만

어른들은 짐짓
부지깽이를 들고나와 소리 지르며 휘둘러 대는 통에
똥개들은 엉덩이를 붙이고 서로 도망가려고 이리 몰리고 저리 몰리다 그만 그것이 빠져 냅다 줄행랑을 치고 나면

어른이고 아이고
동네는 다시 바람 한 점 없는 복더위 속으로
더위를 먹어 가고 오뉴월 쇠파리만 윙윙거릴 뿐이다

그때
자발 맞은 내 그것은 잠깐 움찔했었는지 모른다

그때
평상 위에 오뉴월 늘어진 쇠불알처럼 앉았던 늙은이들은

합창하듯
헛기침을 하면서 일제히 쥘부채를 위아래로 흔들고 있었다

쪽팔림에 대하여

쪽팔림은
「쪽」과 「팔리다」가 결합해 만들어진 합성어이면서 사전적
의미는 부끄러워 체면이 깎이다의 속된 표현이고, 「쪽」은
여러 가지 의미로 쓰이지만 사람의 얼굴을 속되게 이르는
명사로도 쓰인다

1980년대 들어 유행하기 시작한
쪽팔린다는 말은 남녀노소 모두 사용하는 동사이기도
하지만, 친한 친구들끼리 혹은 소주라도 한잔 마시는
사석에서 악의 없이 이 새끼 저 새끼 하고 쪽팔린다는
소리는 예사로 사용한다

빙판길에서 엉덩방아를 찧으면
아픈 것은 고사하고 주변에서 쳐다보는 사람들이 있나
두리번거릴 때, 이런 것이 시쳇말로 쪽팔림이다

여학생들이 잔뜩 지켜보는 운동장에서
페널티 킥을 찰 때 잔뜩 들어간 힘 때문에 축구공이
골대를 넘어간 그야말로 똥볼이 되었을 때,
쪽팔림이다

이런 쪽팔림을
파평 윤씨 가문 한 사내가

지구촌 가장 강력한 국가라는
미국 뉴욕에서 국익을 위해서는 총칼 없는 전쟁으로
비유되는 외교 현장에서 혼잣말로 이 새끼들과
쪽팔린다는 말로 국내는 물론 세계적인 가십거리가 되고
말았다

바이든이건 날리믄이건
전 국민이 몬더그린(Mondegreen) 현상*에 빠진 9월
정작 쪽팔리는 사람은
나를 포함한 대한민국 선량한 국민이 아닐까?

에이 쪽팔려
오늘은 안주 고민 안 해도 되는 날

쪽팔리는 날이지만

밖으로 싸우기보다 안에서 싸우기가 더 모질어서
금배지 단 위정자들은 좁은 나라 안에서 싸우고 또 싸우고
있다★

★ 몬더그린(Mondegreen) 현상: 특정 문장을 자신이 아는 다른 말로 잘못 듣는 현상을 말한다.
★ 밖으로 싸우기보다 안에서 싸우기가 더 모질어서 금배지 단 위정자들은 좁은 나라 안에서 싸우고 또 싸우고 있다: 김훈 작가의 『남한산성』 일부 변용.

파란만장(波瀾萬丈)

정년퇴직을 하고

강산이 세 번이나 바뀐 제복의 시간들을
회상하며 파도와 물결의 높이가 만장에 이른다는
물결 파(波) 물결 란(瀾) 일만 만(萬) 어른 장(丈)

파란만장(波瀾萬丈)
네 글자를 써 놓고 가만 내려다보니

그냥 나에게 겸연쩍고 부끄럽고

그냥 나에게 무람해지는 것이다

★ 한 장(丈): 한 자(尺)의 열 배로 약 3m를 말함.

선(善)한 역마살

크게는 국가 안위이거나
작게는 사회 안녕이거나 나름대로 무겁고 외로운 짐, 이제
미련 없이 내려놓고 바람처럼 구름처럼 한낱 처사(處士)로
사는 몸, 이때 아니면 언제 다시 삼천리금수강산 방방곡곡
산천초목 아름다운 길 디뎌 밟아 볼 기회가 있을까?

이때 아니면 다시 기회는 없으리니

아! 젊은 애인이여 붙잡지 마오
아! 벗들이여 말리지 마시오
방방곡곡 다니다 古稀 지나 몇 해 더 걸음하지
않겠나?

고운(孤雲) 선생처럼 신선 옹은 못 만나더라도
한 사내가 대동여지도 김정호 고산자를 닮은 강인한
정신과 두 발로

방랑 시인 김병연 난고 김삿갓처럼
사내의 선(善)하고 선한 역마살은 쉼 없이 이어지고 이어져

사내의 여로는 행복하게 고단할 것이지만
나름 풍류 있게 잘 살았다 생각하면 되는 일

살다 보면
슬픔과 고난의 어려운 시간은 누구에게나 오고
가는 법

그럼에도 불구하고
우리는 희망을 꿈꾸지요 사내도 그렇다오

★ 남파랑길 사천시 남일대해수욕장에서 만난 천 년 전 최치원 선생의 글 「범해(泛海)」를 보고 시인 묵객들 흉내 내면서.

고별(告別)

오늘 이 자리
수많은 선배님들이 머물다 간 자리

오늘 이 자리
그 선배들처럼 나 잠시 머물다 가는 자리

잊어 달라 애써 부탁 안 해도
차츰 멀어지며 잊어 가는 여러분과 나

그러나, 영원히 잊지 못하는 것은
내가 대한민국 국립경찰관이었다는 것

그리고, 이 자리에 있기까지 여러분
동료들이 있었고 내가 여러분들의 동료였다는 것

나의 제복의 시간
지혜도 용기도 사명감도 애국심도 충성심도
한없이 부족하고 또 부족했던 시간이었지만

무궁화 아름다운
삼천리강산 영광과 임무를 어깨에 멘 36년

어찌 즐겁고 행복한 일들만 있었겠습니까?

내가 이 자리에
있기까지 잊지 않았던 것은
내가 신미주 씨의 배우자라는 사실

내가 이 자리에
있기까지 잊지 않았던 것은
내가 세 아이의 아버지라는 사실

멋진
제복의 시간이었다고 스스로
박수 치면서 나의 뮤지컬 무대는 막을 내립니다

영광과 임무를
어깨에 메고 이 땅에
굳게 설 여러분들을 사랑합니다

우리의 삶은
이쪽에서 혹은 저쪽에서 이어지고
영원히 이어지고 이어질 것입니다

내가
혹은 여러분이 다르지 않기에,
이제 안녕을 고합니다

★ 2022년 12월 29(목) 정년퇴직 퇴임사로 낭송한 졸시.

자다가 감쪽같이 죽어야 하는데

백세 살 장모는

늙은 막내딸이
엄마 내년에 나 환갑잔치해 주세요, 했더니

자다가 감쪽같이
죽어야 하는데 아프지도 않다고

남부끄러워 어찌하느냐고 얼굴이 붉어지셨다

제3부

죽은 엄마에게 더위팔기

죽은 엄마에게 더위팔기

정월 초하루
그러니까 정확히 말하자면 설날 아침
떡국을 끓였던 여자는 열나흘 날 밤에
잠을 자면 꺼면 눈썹이 하얗게 센다는
세는 나이로 103살까지 살아 있는 엄마의 말을
명심했는지 TV 리모컨을 쥐고 버티다 새벽녘
쪽잠을 자고 일어난 정월 대보름날 이른 아침이다

우리 집에서
제일 목소리가 나긋나긋한 여자가 사는
구석진 부엌에서 오곡밥 대신 쌀밥을 안칠 무렵

거실 서랍 속에 살면서
일 년에 한 번 봄에 외출하는 죽은 엄마가
이번에는 부엌 벽에서 나와
부럼 깨는 땅콩 한 줌과 귀밝이술을 내놓을 때

살아 있을 때도
나무 한 짐 하러 갈 산도 없었던
엄마와 같이 거실 서랍 속에 살면서
일 년에 한 번 가을에 외출하는 죽은 아버지도
부엌 벽에서 나왔다

아버지는 당신의 죽은 마누라가 내놓은
귀밝이술 막걸리 한 잔을 얌체처럼 정말 얌체처럼
원샷으로 마시고 다시 서랍 속으로 들어갔다

아버지를
닮은 사내는
아홉 짐 나무하러 갈 산커녕
몽당빗자루 비질할 마당도 없이 살아가지만
성질 고약하고 까칠한 죽은 아버지보다
임의롭고 선한 죽은 엄마에게 더위를 팔았다

어두육미(魚頭肉尾) 1

입춘에
붓과 먹은 어디 숨었는지
입춘대길(立春大吉) 건양다경(建陽多慶)은 쓰지도 못하고
종종 아파트 현관문에 써 붙인 사람들을 보기는 했지만
입춘 첩 써 붙일 대문이 없다는 핑계만 대고 있을 때

마누라는 두부 한 모 썰어
동태찌개를 끓였는데 대가리는 먹을 게 없다며 빈 접시에
내놓는 것을 내가 먹는다고 가져와 눈깔사탕 닮은 하얀
눈과 볼때기 살을 발라 먹다 갑자기 엄마 생각이 나면서
울컥했지요

겨우 한글을 깨친 엄마는
내가 한글을 깨쳐 갈 때쯤 겨울에
잊을 만하면 동태찌개를 한 솥 끓이셨고
엄마는 어두육미의 뜻도 모르면서 생선은 대가리가
제일 맛있다며 매번 당신이 가져가 드실 때

나도 어두육미의
뜻도 모르면서 엄마 그릇에 있는 동태 대가리에서
눈깔사탕 닮은 하얀 눈을 형들과 동생보다 잽싸게
집어 먹었는데

우리 애들은
동태 대가리는커녕 볼때기 살도 안 먹고

눈깔사탕 닮은 하얀 눈도
안 먹어 동태찌개를 끓이는 날은 맛있다는 대가리를 죄다
내가 먹으면서 매번 엄마의 어두육미를 꺼내 녹음기를
틀지요

거울 속에 사는 남자

엄마에겐
시아버지 나에겐 할아버지가 되는 남자가
내 책상에 앉아 공부를 하고 있고
엄마에겐 시어머니 나에겐 할머니가 되는 여자가
내 방에서 양말을 꿰매고 있었지
엄마와 내가 얼굴도 못 본 두 사람이

그렇다면
금슬은 안 좋았지만
양지바른 곳에 나란히 손잡고 누워 계신
아버지와 엄마는
냉큼 일어나 인사를 와야 함에도
그들은 꼼짝을 안 하고 있었고

초등학교 3학년 아들은
「눈」 자와 「배」 자를 써 놓고
두 개와 세 개를 연상하면서 선거에서 이겨
반장이 된 것처럼 엄마를 불러 대고

남자는
두리번거리며 누군가를 찾는 것 같지만

자세히 보면 누군가를 기다리고 있는 것이고
옆방에 있던 남자는 가족들에게 둘러싸여
날두부를 미어지도록 먹고 있고

남자는
새로 산 메이커 등산화가 왼쪽 복숭아뼈에
통증을 주자 깜깜한 신발장에서 1.6L짜리
맥주를 안주도 없이 마시게 하고

남자는
우리 집 화장실에도 있었고
뒷골목 허름한 돼지껍데기집 유리창에도 있었고
네온사인이 명멸하는 번화한 상가 유리창에도 있었고
오르락내리락하는 엘리베이터 속에도 있었다

생각 없이 산다는 것

가문도 학벌도 자랑할 것이 없는 나는 부자일까?

캔 콜라 따는 소리를 연구하는 학자는
펩시콜라 캔이 더 부드럽고 가벼운 소리가 난다느니
코카콜라 캔이 더 투명하고 명쾌한 소리가 난다느니
하는, 철학적인 소리는 논외로 하고 말이다

백수의 상상력은 이런 것이다
성인용품점에는 도대체 어떤 물건이 있을까?
성인(成人)들이 사용하는 물건들이 있는 집인가?
성인(聖人)들이 사용하는 물건들이 있는 집인가?

아니면
인덕을 다 갖춘 성인(成仁)들이 사용하는 물건인가?
성스럽고 어진 성인(聖仁)들이 사용하는 물건인가?
이런 철학적인 소리도 논외로 하고 말이다

평생을 쥐꼬리만 한 월급으로 살아왔고 지금은 쥐꼬리만
한 연금과 여자가 벌어 오는 밥으로 산다
그래서 난 부자일까?

오늘은 아무 생각 없이
퍼질러 늘어지게 잠이나 자면서 쉬겠다고 하면서
이것저것 생각하고 생각나는 것이 나와 같은 백수다

생각 없이 산다는 말은 틀린 말이다

썼던 글을 지우고 다시 쓰고 지우고 쓰고 지우고
자칭 시인이라고 하는 나도 먹으면서 자면서 걸으면서
청소하면서 빨래를 개면서 설거지하면서 샤워하면서 신문
보면서 다른 사람의 글이나 시를 읽으면서 쓰고 지우며
산다

부자는 노동 선택권이 있는 사람이다
원하지 않는 일을 하지 않아도 되는 사람이지만
평생을 쥐꼬리만 한 월급으로 살아왔고 지금은 쥐꼬리만
한 연금과 여자가 벌어 오는 밥으로 살면서 어쭙잖은 글을
쓰는 나는 부자일까?
쓰는 것은 개인적인 일로
그 행복은 말로 표현할 수가 없다★

지금 하고 싶은 일을 하지 않으면
하고 싶은 일을 하고 싶을 때 하지 못할까?
겁이 나 오늘도 여자가 벌어 오는 밥으로 나는
사는 것이다

★ 타니아 슐리의 책 『글쓰는 여자의 공간』에 소개된 미국 작가 퍼트리샤 하이스미스의 말.

백수(白手)로 살기

아침에는
분주한 마누라와 아이들
눈 피해 이불 뒤집어쓰고 자는 척하고

점심에는
아점으로 혼밥하고

저녁에는
주는 대로 먹고 가끔 설거지나 하고

아무도 없는 시간

휑한 집에서 치근덕거리는
늙은 강아지에게 으르렁거리는 백수(百獸)처럼 산다

★ 백수(白手): 일정한 직업이 없는 사람을 뜻하는 말.

生老(炳)死

93.1 클래식 전문
라디오 채널에서 어느 청취자의 사연은 이랬다

치매가 무거워진
엄마를 요양원에 모시고 온 날 펑펑 울었다고

세상 이치인
생로병사를 이해 못 하고 사는 것은 아니지만

태어나 살다 늙어
병치레 없이 온전히 살다 죽었으면 좋겠다고

앎이 부족해 늘 배고파하던 시절
하루하루 살다 보니 자연스레 그냥 삶이 되고

삶에 늘상 헉헉거리며
하루하루 살다 보니 자연스레 앎이 되어 살지만

어떻게 병(病) 없는 세상에서 살까?
인생은 가끔 내 자신과 무관하게 흘러가지만

살다 보면 앓이
삶이 되고 삶이 앓이 되는 순간순간마다

생각하기 나름이지만
육체적인 병도 함께 더불어 살게 되지 않을까

어디 내 몸뚱어리
내 인생이라고 마음먹은 대로 될까마는

차라리
어두운 병(病)을 밝은 병(炳)으로 읽으며 살자

동생

강남 갔던 제비가 돌아와
처마 밑에 집을 짓기 시작하고 볕 든 들판과 논두렁
밭두렁에는 쑥을 뜯고 냉이를 캐려는 동네 누이들이
삼삼오오 알록달록 모여들고

앞산에는 참나무 밤나무
신작로 미루나무까지 연두색 연한 잎이 올라오고 드물게
산 벚꽃이 하얗게 필 때면 구슬 털보 아저씨네 논에 사는
개구리는 셀 수도 없는 알을 낳았다

왕고모 댁 큰형은
멍에 얹은 쟁기소를 끌고 와 손바닥만 한 텃밭을 참 먹을
시간에 갈고 가면 엄마는 하루 온종일 왕고모 댁에서 삯
없는 품을 팔고

아랫집 사는 동창 인순이네
바깥마당하고 텃밭을 합친 것보다 조금 더 큰 장치미골
따비밭을 안말 해창이 아저씨가 소를 끌고 갈아 주면
엄마는 이번에도 꼬박 이틀을 삯 없는 품을 팔아야 했고
밭을 갈던 아저씨는 조금 더 커 알았지만 촌수로 먼 집안
매형이었다

동네 누이들이
쑥을 뜯고 냉이를 캐고 개구리가 알을 낳고 앞산에는
연두색 잎이 새로 나기 시작하고 소 있는 집은 밭갈이를
시작할 때

엄마는 안방에서
쪽창 틀을 붙잡고 구슬 당숙 아저씨네 할머니의 도움으로
동생을 서서 낳았고 산파 역할을 다한 할머니는 커다란
무쇠솥 앞에서 나를 무릎 사이에 앉혀 물을 끓였고
그 할머니가 돌아가셨을 때 가달미 넘어가는 고개에서
노제를 지낼 때 나는 몸을 떨며 서럽게 울었다

엄마는 찬 고구마를 먹고
체해 얼굴이 창백해진 동생을 업고 장치미골 침쟁이
할머니에게 문안 인사 가듯 달려갔고 다음 날 아니면
그다음 날 침값으로 삯 없는 반나절 품을 수시로 팔아야
했다

아무짝에도 쓸모없고 성냥개비만 만든다는
신작로 키 큰 미루나무는 붓을 거꾸로 세운 것처럼 잎은
윤슬처럼 빛나고 허공에 무수한 글들을 써 댔지만 나는
끝내 그 뜻을 알 수가 없었고

솥단지 두 개가 걸려 있는 부엌에서
청솔가지 나무를 때 밥을 하다 연기가 나면서 매워 우는
나를 보고 따라 울던 동생이 태어난 집과 집터는
연립주택이 들어서고

점심때가 지나고 내 그림자가 내 키보다
조금 더 커지면 볕이 들어오던 장치미골 따비밭은 어떤
형제의 신혼살림 밑천이 되고 개구리가 알을 낳던 구슬
털보 아저씨네 논은 공장이 들어서고 말았다

겨울 저녁 물김치를 꺼내
찐 고구마를 먹다 마누라와 말만 한 딸들은 물고구마라
맛이 있느니 없느니 지껄여 대지만 나는 동생이 생각나
조각조각 흩어진 기억들을 모아 옛이야기 삼매경에 빠져
삼동(三冬)을 나고 있다

꽃도 혼자서는 외로워

울안 장독대 옆에 서 있는
늙은 동백은 올해도 어김없이 저 혼자 붉은 피를 뻘겋게 토하다 지쳤는지, 양반집 마당에만 심을 수 있어서 양반 꽃이라 불리던 붉은 능소화가 한여름 모가지를 떨구는 것처럼 이내 모가지가 꺾이고, 젊어서 집 떠난 주인 양반은 발소리 기침 소리 한번 들려주지 않아도 무너진 담장 넘어 봉당 댓돌에 쏟아지는 볕이 가득하고, 가끔 동백나무에 참새 떼가 몰려와 자그락거려도 텅 빈 집과 동백은 또 한 해 늙어 가는데, 옆집 밭 주인은 여름에 세운 허수아비가 추울까 긴 옷에 모자까지 씌워 주고 삼동(三冬)을 나게 하는데, 올봄에도 무너진 담장 사이로 노란 수선화도 어김없이 피고, 기울어진 대문에 매달린 동백 닮은 빨간 우체통도 이쁘고, 수선화도 곱고 이쁘고, 남은 동백도 아직 뻘거니 이쁘고 곱다고, 담장 밑에 쪼그려 앉아 엽서라도 한 장 써 주인 없는 집 우체통에 넣어 볼까? 심란한 봄날에⋯⋯

★ 서해랑길 해남과 진도, 영암, 무안 지역을 걷는 동안 동네마다 한 집 건너 빈집이고, 집들은 무너져 가지만 계절은 어김없이 순환하면서 여러 가지 꽃들을 피워 내고, 빈집과 무너진 집에서도 꽃들이 피는 모습을 보면서 쓴 글.

한 번 더 나에게
다시 살아 볼 기회가 주어진다면

한 번 더 나에게 다시 살아 볼 기회가 주어진다면

10대로 돌아갈까?
아니, 지긋지긋한 가난과 못 배움은 싫어

20대로 돌아갈까?
아니, 천방지축 앞뒤 모르던 시절은 싫어

30대로 돌아갈까?
아니, 이것저것 그물 같은 얽매임은 싫어

40대로 돌아갈까?
아니, 숨이 막히게 어지러운 경쟁은 싫어

50대로 돌아갈까?
아니, 집 걱정 돈 걱정 이젠 걱정은 싫어

그럼 지금 60대는?
숙명 같은 자식 걱정은 어쩔 수 없다지만

이불 속에서 발가락 꼼지락거리고 아침부터
궁상이라도 떨 수 있는 지금이 좋아

그래도
한 번 더 나에게 다시 살아 볼 기회가 주어진다면

아니, 지금 이불 속이 좋아

그래도
한 번 더 나에게 다시 살아볼 기회가 주어진다면

아니, 지금 하고 싶은 것을 하지 않으면,
하고 싶은 것을, 하고 싶을 때 하지 못할까,
두려운 지금이 좋아

그래도
한 번 더 나에게 다시 살아 볼 기회가 주어진다면

아니,
뭘 더 바라, 나름 할 만큼 하고 살아왔잖아

콩 한 쪽도 뺏어 먹자

콩 한 쪽도 나눠 먹는다고?
그건 호랑이 담배 피우던 옛날이야기지

한 어머니 배 속에서 나온 형제들도
제 잇속 챙기려고 혈안이 되어 있는 것이
요즘 형제들이지

자식들에게 미리 재산 나눠 주지 말라고?
나눠 줄 것이 있어야 말이지
콩 한 쪽은 자신 있게 나눠 줄 수 있지
제 놈들이 나눠 먹거나 말거나

옛말에
"콩 한 쪽도 나눠 먹는다"라고 흔히들 얘기하지
콩알처럼 작은 것 하나라도 나눠 먹는다는 것은
서로 돕고 어려울 때 서로에게 힘이 될 수 있다는

호랑이 담배 피우던 옛 속담은

이제 없어져야 하느니
암 없어져야 하고말고

있으나 없으나 죄다
제 배 불릴 생각으로 사는 사람들 속에 섞여 산다

꺾이지 않는 마음

거칠고 난폭했던 칠월의 장마가 물러가고
중복도 한 파수 지날 때 담장 위 능소화는

제 모가지를 미련 없이 싹둑 떨궈 바칠 때
영덕 블루 로드에 선 낯설고 낯선 사내는

새우깡으로 뭇 갈매기를 유혹하고 있었지만
열흘 붉은 꽃 없다고 배롱나무도 찬 이슬에 젖지요

가는 세월 뉘라서 잡을 수 있을까요?

정부미에서 일반미가 되니 어떠냐고
백수 된 내게 사람들이 물어보는 우스개랍니다

어디 안 베끼고 살 수 있었나요
이 사람도 베끼고 저 사람도 베껴 가며 살아왔지요

베끼고 베껴 가며 살아왔는데
누군가는 날 베끼면서 살아온 사람도 있겠지요

뉴욕 양키스의 전설
요기 베라 말처럼 끝날 때까지 끝난 게 아니지요

젊은 사람들 공유물
같지만 중요한 것은 꺾이지 않는 마음입니다

또 압니까?
킹스크로스역 9와 4분의 3 승강장*에서

마법 같은
삶이 기다리고 있을지 모르는 일이지요

만우절 농담이냐고요?

★ 9와 4분의 3 승강장: 영화 「해리포터」에 나오는 승강장 이름.

비 오시네

비가 와도 걱정
비가 안 와도 걱정
하늘만 쳐다보며 농사짓던 시절

내 땅 내 농사
한 뼘 없는 엄마는 비가 오면
비 오네가 아니라 비 오시네 하셨지

어디 내 어머니뿐이랴
쩍쩍 갈라지던 논바닥처럼
농심(農心)은 그렇게 하늘만 쳐다보았지

음력 유월 스무이틀 날은
저 하늘 별이 되신 울 엄마 생신날

오늘 밤엔
논 닷 마지기와 텃밭을 사 드려야겠다

세상 밖으로

치앙마이 왓 우몽
동굴사원 입구에서 시주함 놓고 입장료 받는 소임을
담당하는 아주 젊은 스님은 관광객들이 돈을 넣건 말건
아랑곳없이 스마트폰 삼매경에 빠져 있다

저 스님은
세상 밖을 보고 있었을까?
세상 안을 보고 있었을까?

나는 언제나
낯선 곳을 그리워하고 길 떠날 채비를 하고

나는 지금도
시(詩)가 무엇인지도 모르면서 글을 쓰고

사람들이 매일매일
살아가는 것이 시가 되고 소설이 된다지만

나는 오늘도
저 젊은 스님의 세상 밖을 동경하고 있다

팔열지옥(八熱地獄)

등활지옥(等活地獄)은
뜨거운 불길로 죽기 직전까지 고통을 받는 지옥

흑승지옥(黑繩地獄)은
뜨거운 쇠사슬에 묶여 톱으로 잘리는 고통을 받는 지옥

중합지옥(衆合地獄)은
뜨거운 쇠로 된 구유 속에서 고통을 받는 지옥

규환지옥(叫喚地獄)은
끓는 가마솥이나 불 속에서 고통을 받는 지옥

대규환지옥(大叫喚地獄)은
뜨거운 칼로 혀가 잘리는 고통을 받는 지옥

초열지옥(焦熱地獄)은
뜨거운 철판에서 쇠 방망이로 맞는 고통을 받는 지옥

대초열지옥(大焦熱地獄)은
뜨거운 쇠로 된 방에서 살가죽이 타는 고통을 받는 지옥

아비지옥(阿鼻地獄)은
살가죽을 벗겨 불 속에 넣고 쇠매(鐵鷹)가 눈을 파먹는 지옥

팔열지옥은
중생들이 자기가 지은 죄업으로 간 지옥에서 뜨거운
불길로 고통받는 여덟 가지 큰 지옥

가뜩이나
뜨겁고 어지러운 이 세상에 살면서

나는 어떤 죄를 짓고
어떤 지옥에서 어떤 벌을 받을까?

관혼상제(冠婚喪祭)

관례(冠禮)
옛날처럼 댕기 풀어 상투를 틀고 갓(冠) 쓰는 성인식은커녕 열다섯 살 무렵엔 소 풀 베고 나무하는 것은 당연한 일상이고, 보리 베고 모내고 벼 벨 철이면 곁두리에 참까지 점심은 물론 저녁까지 얻어먹었지만 반나절 품값에 만족해야 했던 빡빡머리에 왜정시대 순사복이나 헌병경찰복 같은 검정 교복에 호크까지 채우고 동네 형들이 담배꽁초를 주워 가는 모습을 보고 배워 앞산에서 구름 과자를 맛보고, 담배를 안 피우는 아버지에게 들키지 않으려고 솔잎을 껌처럼 씹고, 미군 부대에서 흘러나온 야한 사진이나 수영복 입은 선데이 서울 표지모델 사진을 보물단지처럼 알고 지낼 무렵이었지만

혼례(婚禮)
가문과 가문과의 결속은커녕 서울에서 만났다 헤어지고, 다시 만나 이바지도 없이 어른들이 던져 주시는 한 바가지나 되는 대추를 모아 반지하 방 한 칸에서 신혼살림을 시작하던 시절에 비해 궁합이 잘 맞네 안 맞네 하는 쉰 소리나 하면 맞아 죽을 수도 있겠지만, 결혼은 미친 짓이고 연애는 필수 결혼은 선택이라는 유행가 가사가 울려 퍼지는 시대에 여성은 시부모가 연금 생활을 하는지, 신랑이 장

남은 아닌지, 신랑은 키 크고 잘생기고 신혼살림 집으로 APT는 장만할 수 있는지, 신부는 미스코리아같이 키 크고 미인인지, 맞벌이를 할 수 있는지, 장인 장모 재산은 얼마나 되는지가 결혼 조건이 되는 세상에 딸 둘과 아들 한 놈이 여태 같이 살고 있다

상례(喪禮)
당연한 죽음과 이유 없고 핑계 없는 무덤 없는 것처럼 사람이 죽었을 때 죽음을 애도하고 오랫동안 동양의 유교문화권에서 DNA처럼 이어져 오던 장례(葬禮)는 삼년상이니 시묘살이니 백일 탈상이니 삼우제나 사십구재처럼 죽음에 대한 예는 늙은이의 죽음이나 젊은이의 죽음이나 아이들의 죽음이나 모두 한가지로 애도받아야 함에도 장애인이라고 죽여 묻고, 미혼모라 죽이고, 가난해서 키울 자신이 없다고 죽이고, 출생신고를 안 해서 죽이고, 계모 계부가 굶겨서 죽이고, 때려죽이는 세상이 되었다

제례(祭禮)
가난한 집 제삿날 돌아오듯 한다는 옛말도 있듯이 제사는 효에 대한 기본이었지만 홍동백서 좌포우혜 조율이시 어동육서 두동미서는 사라져 가고, 명절에 명승지 콘도에서

심지어 외국 여행을 가서 차례나 제사를 지내는 풍습도 생기고, 어머니 아버지가 차례로 돌아가시고 몇 해는 지극정성으로 기제사를 모시다 집안에 우환이 있다, 몸이 아프다, 상가에 다녀왔다, 하다 메르스에 이어 코로나까지 다녀간 후에는 차례는커녕 기제사도 멀리하는 시대에, 차례는 생략하고 가족들끼리 정다운 시간을 가져도 좋지만, 기제사는 새 밥에 맑은 물 한 그릇 떠 놓고 각자 나름대로 예를 다하면 그만인 시대에 우리는 살고 있다

생자필멸(生者必滅)
태어나 살다 늙고 병들어 죽음은 누구도 피할 수 없지만

제사나 추모의 방식과 형식은
변하고 또 변하는 세상에 우리는 살고 있다

부러우면 지는 거라는데

세상에 어디 부러운 것이 한두 가지일까마는

밥을 벌 때는
나보다 좋은 차 타는 사람들이 부럽고
나보다 먼저 승진하는 사람들이 부럽고
처가 덕을 본다는 사람들이 부럽고
나보다 먼저 내 집 마련하는 사람들이 부럽고
자식들이 좋은 대학 갔다고
자랑하는 사람들이 부러웠지만

그나마
밥을 못 버는 지금
마누라가 벌어 오는 밥으로 살면서
딱 한 가지 부러운 것은
크고 작은 모임 술자리에서 아들딸 시집 장가 보내
할아버지가 됐다고 은근히 자랑하는
친구 녀석들이 솔직히 부럽다

토(吐)

결혼식 당일에 신부는 사라지고
오페라의 주인공 신랑 디노라는 제 그림자를
붙들고 사랑의 왈츠를 췄다는 그림자 왈츠처럼

American dream의 645는 멀어지고

만나기 적당한 때와 헤어지기 적당한 때를
구분 못하고 제 꼬리를 물고 있는 우로보로스★처럼
우주 만물이 내 손안에 있는 나는 아침이고 시작이고 나는
밤이고 끝이라며 취해 가고

어미는 알을 낳고 알이 깨어나기를 기다리다
새끼 거미가 알집 밖으로 나와 다시 탈피할 때까지
산실에서 기다리다 그대로 새끼들의 먹이가 되는
염낭거미는 아니더라도
하면서 횡설수설 또 횡설수설

뜨거운 볕에 내다 말릴 내 우중충한 시간들

오래돼 낡고 삭정이가 되어 거름이 된
얘기들과 마누라는 은근히 감추고 싶은 곰삭아
미라가 된 얘기들까지 토(吐)했다

아버지는 꿈속에서 벙어리가 되어 나타나셨다

생전 아버지는 술에
취하면 큰소리로 누군가와 시비를 걸고 싸웠지만

나는 늙어 술에 취해
자꾸 옛날 일들을 끄집어 들춰내는 주사(酒邪)만 늘어 간다

김동인의 「발가락이 닮았다」처럼
부전자전 애써 아버지를 닮아 가려 노력하는 중인가

고흐의 말처럼
아버지는 멀리서 온 사람이고 나 또한 멀리 갈
사람이기에

★ 우로보로스(Ouroboros): 자신의 꼬리를 물어서 원형을 만드는 뱀이나 용으로, 그리스어에서 유래함.

애월(涯月)

애월
애틋하고 가련할 것 같은
먼 은하계의 알 수 없는 힘이 깃든 곳

물가에 달
이왕이면 보름달이면 좋겠네

강릉 어디에서는
하늘에도 달이 뜨고 호수에도 달이 뜨고
바다에도 달이 뜨고 술잔에도 달이 뜨고
님의 눈동자에도 달이 뜬다는데

깎아지른 현무암 검은 병풍 옆으로
벼랑 끝 소나무 가지에 높게 걸린 달 속으로
염화시중(拈花示衆)*처럼 건너오는 네 눈빛

새별 오름에 자주색 칡꽃이 피면
애월 바다 대사리 만월(滿月)이면
울던 파도도 지레 지쳐 목이 잠기면
내 낮고 검은 환해장성 몰래 넘어

오늘 밤
외롭고 차가운 애월 바다 둥근 너와 자야지

겨울에는
새로 시친 솜이불을 덮고

여름에는
새로 시친 홑이불을 덮고

★ 애월(涯月): 제주도 북서쪽에 있는 지역 이름, 물가의 달이라는 뜻.
★ 염화시중(拈花示衆): 꽃을 따서 무리에게 보인다는 뜻으로 말이나 글에 의하지 않고 이심전심으로 뜻을 전한다는 말.

마지막 거수경례

목화솜처럼
도타운 하얀 눈 이불 덮고

양지바른 곳에 나란히 누워 계신 부모님 산소에서
온 정성으로 경건하고 엄숙하게 거수경례를 했다

발이 빠지도록 눈이 쌓였지만

대한민국 정부 훈장증과 훈장을 나란히 놓고
빛나는 경찰 예복 정장을 멋지게 차려입고

당신의 셋째 아들
국가의 부름이 다해 무사히 정년퇴직을 했습니다
고하면서, 부모님께 거수경례를 했다

꼬맹이 시절
의미도 모른 채 오른손을 올려붙이던 거수경례

까까머리 검정 교복을 입은 학생
시절에도 상급자에게 의례적으로 하던 거수경례

논산훈련소에서
겨우 경례의 의미와 동작을 제대로 터득한 거수경례

36년
나의 제복의 시간을 마감하고

난득호도(難得糊塗) 안분지족(安分知足)
난 체하지 말고 현실에 만족하며 살아가겠다고

나란히 누워 계신
부모님의 묘 앞에서 새롭게 명복(冥福)을 비는

마지막 거수경례를
온 정성을 다해 경건하고 엄숙하게 올렸다

시(時)에 대하여

◆ 부제: 부지불식간에

왔다
자려고 누웠는데 부지불식간에 왔다
이런 것도 시가 될 수 있을까?

가끔은 나도 내가 쓴 글을 이해하지 못하지만
지금 쓰지 않으면 방금 온 시들을 다시 쓰지 못할 것 같은
강박감에 후회를 남기지 않으려 나는 지금 쓴다

당신이 이런 글도 시야 욕을 할지언정

스웨덴 자동차 볼보는
라틴어로 내가 굴러간다는 뜻이지만 백수가 된 나는
어디로 굴러가야 하는지 가끔 종잡을 수가 없다

엄지는 검지와 가깝고
검지는 중지와 가깝고
중지는 무명지와 가깝고
무명지는 새끼손가락과 가까운 것처럼 보이지만 사실은
멀다

사람들은 오늘을 살고
내일을 기다리고 모레를 기다리고 글피를 기다리고
그글피를 기다리는 것처럼 보인다

사람들은 오늘만 살고
내일을 기다리지 않고 모레를 기다리지 않고
글피를 기다리지 않고
그글피를 기다리지 않는 것처럼**도** 보인다

살바도르 달리는
친구 부인과 도망을 쳤지만 허튼 시
나부랭이를 쓰는 나는 같이 야반도주할 여자도 없다

카타르 월드컵 축구 경기에서
포르투갈과의 경기에서 우리나라가 승리하고 있을 때
후반전 종료 휘슬이 울릴 때를 초조하게 기다리며 시계를
몇 번이고 봤지만 포르투갈 국민들은 나와 정반대였을
것이다

병원 중환자실에서 죽음과
사투를 벌이고 있는 환자와 그 가족의 시간과
나이롱환자와의 시간은 분명한 차이가 있을 것이다

바람에 사뿐거리며 날리는
저 작은 눈송이는 제 몸이 저 흐르는 강물에 부딪히면
순식간에 흔적도 없이 사라진다는 사실을 알고 있을까?

불같은 사랑에 빠진
젊은 청춘 남녀가 만날 시간을 기다리는 것과
불륜에 빠진 유부남 유부녀들이 만날 시간을 기다리는
시간의 차이는 무엇일까?

이리하여 나는 **「부지불식간에」** 온 시들을
버리지 못하고

부지불식간은 자주 오는 손님이 결코 아니다

당신이 형편없는 글이라고 욕을 하거나 말거나
이것들이 또 온다면 나는 놓치지 않을 것이다

당신이 욕을 하거나 말거나

언니

나의 외가(外家)는
아들 사 형제에 딸이 한 명으로
어쩌다 방학에 놀러 가면 외가 누이는
형들에게 언니, 언니라고 하는 것이다

그러고 보니
기억나지 않는 외가 어떤 행사에서
어머니 자매 분들은 어머니에게 언니 대신
성(형) 혹은 성님(형님)이라고 부르는 것이다

내 처가는
아들 넷에 딸이 넷인데
마누라는 자매 중 막내로
어떤 일결에 자매들이 왁자지껄하다
마누라는 옆에 앉은 제 신랑 허벅지를 쳐 가며
얼결에 나에게도 언니라고 하는 것이다

나는 아들만
사 형제 집에서 자라
언니라는 말은 생소하였지만 가만가만
언니, 언니 혼잣말로 불러 봐도 싫지는 않은 것이다

그래 가끔은 언니가 되고 싶은 것이다

윤달(閏月)

윤달은
치윤법(置閏法)의 하나로
달을 기준으로 하는 태음력은 일 년 354일
해를 기준으로 하는 태양력은 일 년 365일

윤달은
11일 모자라는 음력의 날짜와 계절을 맞추기 위해

태양력에서는 4년마다 한 번 2월을 29일로
태음력에서는 19년에 일곱 번 5년에 두 번씩
한 달을 더 만들어 윤달을 만든다

윤달은
몇 년 만에 한 번씩 돌아오기 때문에
여벌달 공달 덤달이라고도 부른다

윤달은
보통 달과는 다르게
걸릴 것이 없는 달이고 탈도 없는 달

속담에
윤달에는 송장을 거꾸로 세워도 탈이 없다고 할 만큼 탈이
없는 달이라 집수리나 이사를 많이 한다

윤달은
나이 많은 노인들 수의(壽衣)를 만들거나
산소를 이장(移葬)하거나
결혼도 윤달에 하면 좋다고 하는데

2023년
양력 3월 22일 수요일은
음력 이월이 두 번째 시작되는 윤이월 첫날이고
양력 4월 19일 수요일은
음력으로 두 번째 윤이월 마지막 날이다

2023년
음력으로 이월을 두 번 살고
양력 6월부터 한 살씩 어려진다는데
좋아해야 하는지 어쩐지 원

윤달에는
무엇을 해도 무탈하다는데
무엇을 해야 잘 살았다 할까?

화양연화(花樣年華)

사연 없는 죽음이 어디 있으랴만
죽어서도 빈부 차이는 우리 곁을 떠나지 않고 돈 많은
사람은 눈높이에 맞게 자리 잡고 돈 없는 사람은 쪼그려
앉든지 까치발을 해야 겨우 눈을 맞춘다

아파트에 살던 사람은 죽어서도
아래층 위층 같은 이웃을 두고 시골 땅을 파고 살던
늙은이들은 아파트에 사는 자식들 집에서 갑갑해 사흘을
못 견디고 낙향을 하는데

항아리 옆 액자 사진은 내내 웃고
있지만 죽어서도 벗어나지 못하고 갑갑하게 네모난 집에
살면서 어떤 집은 사시사철 꽃을 매달고 어떤 집은 그나마
꽃도 없다

화양연화(花樣年華)
누구나 인생에서 가장 아름답고 행복한 시간이
없었겠냐만 지금은 속이 훤히 들여다보이는 네모난
유리창에 영혼은 항아리에 갇히고 사진은 액자에 갇혀
살고 있다

돌아 나오는 길
올 풀린 스웨터를 입은 젊은 여인네가
어린 여자아이 손을 붙잡고 쪼그려 앉아 맨 아래층에 있는
네모난 칸을 힘겹게 들여다보고 있었다

나는 살이 떨리는
지독한 몸살감기와 뜨끔거리는 인후통에 목구멍을 지지려
뜨거운 선지해장국을 퍼 넣었고

통증은 뜨거운 국물이 목구멍을
거쳐 식도를 넘어갈 때 가라앉았지만 내 안의 통증은
살아 있는 동안 어디서건 나를 괴롭힐 것이다

이 글을 읽는 분은 아실지 모르지만

여보!
"아버님 댁에 보일러 놓아 드려야겠어요" 하는
귀뚜라미 보일러도 없었고

아홉 개의 구멍이 뚫렸다고
구공탄이라는 시커먼 연탄도 우리 집에 없던 시절

오로지 땔감으로
밥을 하고 쇠죽을 끓이고 군불을 때야 했던
어린 시절 이야기 하나 해 드릴까 합니다

겨우 중학교 물려받은 교복을 입을 무렵
내 등과 어깨에 맞지도 않는 지게를 지고
나무를 하러 다니던 때가 있었지요

내 땅 내 산이 없어
종가 소유 산으로 도둑나무 하던 시절이죠

우선 노란 솔잎이 많이
떨어진 경사지고 완만한 땅을 찾고

솔잎을 감쌀 싸리나무를 베고
조선낫으로 탁 찍으면 쩍 하고 부러지는 청솔가지를
준비하고

갈퀴로 바닥에 깔린 솔잎을 착착
긁어 시루떡 재듯이 한 켜를 만들어 지게에 올리고

두 번이나 세 번을 바수거리★에 앉힌 다음
싸리나무와 청솔가지로 덮고 새끼줄로 동여매고

작대기로 중심을 잡고
젖 먹던 힘까지 쏟아 내며 일어나 집으로 갑니다

이렇게 도둑낭구(나무)를 하던 때가 있었지요

이 글을 읽는 분들은 아실지 모르지만 말입니다

★ 바수거리: 싸리나무로 둥글넓적하게 조개 모양으로 만들어 접었다 펼 수 있고 짐을 싣기 위해 지게에 얹는 소쿠리 모양의 물건.

박헌성 밴드

박헌성
72세 색소폰 연주자
전라도 광주에서 해방둥이로 태어난 남자, 선친이 평안북도 신천에서 피난 내려와 전북 전주 상고에서 주산을 배우면서 나팔을 불다 은행에 취직을 못 하고 보일러 기술을 배워 자식들 먹여 살렸다는 남자, 머리숱이 없다고 내동 모자를 벗지 않았던 남자

서진형
56세 기타리스트
제주도에서 라이브 카페를 운영하고, 경기교통 고속버스 기사를 하고, 도시락 배달 전문 업체를 운영하고, 「밧줄로 꽁꽁」 가수 김용임이 노래하는 무대에서 기타 치며 찍은 사진을 자랑스럽게 간직하는 남자, 바다는 비에 젖지 않는다는 멋진 좌우명을 가진 남자, 지독한 근시로 내 시집을 코에 붙여 읽는 남자, 지레짐작 술 태보로 여겼더니 겨우 한 모금 마시고 술잔을 고사하는 남자

속명(俗名) 조옥순
67세 아코디언 연주자
큰스님 열반하시고 작은 사찰 물려받아 충남 논산 구수한

사투리 쓰는 정허 스님, 배추된장국이 맛있게 끓여졌다고
자랑하고 된장이 맛있다는 칭찬에 돌아오는 길에 싸 주신
분, 법당에서 부처님께 올린 감을 내오시던 분

두 번째 시집
『어은당 일기 2』 출판기념식장에서

「내 인생의 작품」과 「목포의 눈물」과
「사랑합니다」 밴드 공연을 멋지게 해낸 위대한 분들

시 쓰는 함동수 형이
오부리*도 앵콜도 없이 노래를 연이어
불러도 말없이 웃으며 연주하던 대단한 분들

지평막걸리 세 병을 비우고
대몽항쟁의 영웅 김윤후 승장(僧將)이 적장
살리타이를 화살로 쏴 죽인 처인성 승리를 논하고

박헌성 밴드는
날 위해 연주를 시작했다

나는 최헌의
「가을비 우산 속」과
설운도의 「보랏빛 엽서」를 부르고

나는 배호의 「누가 울어」 「안개 낀 장충단 공원」을 비롯해
연거푸 여섯 곡이나 쉬지 않고 불렀다

위대한
박헌성 밴드에 영광 있기를 만월(滿月)에 소망한다

★ 오부리: 우리나라 음악 업계에서 통하는 말로 7080이나 라이브 카페 등
  에서 반주기를 틀어 놓고 기타를 연주하면, 노래를 부를 사람이 일정한
  돈을 내고 리듬에 맞춰 노래를 부른다는 뜻으로 통용된다.

절대자

언론출판 보도를 통제하던 엄혹한 시대도 아니고
나는 어쭙잖은 시 한 줄 쓰면서 절대자에게 검열을 받아야
하는 내막은 이러하다

글의 문맥상 알몸, 잠, 여자
혹은, 애 밴 여자의 입덧이라는 단어가 들어간 글을 쓰면
격 떨어지고 점잖지 못하게 1991년 외설 논란으로 강의
도중 구속된 마광수 교수의 『즐거운 사라』처럼 야한
소설을 쓰는 것도 아니고

독자들도 형제 친구 지인들로 한정되어 있고
자식들도 읽는 글인데 작가와 저자 칭호를 듣는 아버지에
대한 존엄과 환상이 부서지는 일이라며
한사코 수정하라는 압박을 해 대는 것이다

압박을 떠나 출판 자체를 못 할 줄 알라는 협박을 해 대는
통에 나는 그녀가 마음에 들어 할 때까지
수정하고 또 수정하는 것이다

우리 집 절대자가
이만하면 됐다고 어깨를 두드릴 때까지

두려움은 어슬렁거리는 개나 주라 하지

나의 오지랖은
여울*지나 윤슬*로 빛나고 있었고
여울을 지나 윤슬이 될 때 나는 이방인을 생각했다

까뮈는 태양 아래에서 태양 때문에, 라고
했지만 나는 결코 태양 때문에, 라고 이유를
대진 않았지

나의 사랑은 여울을 지날 때도 변함이 없었고
나의 사랑은 윤슬에 눈이 부셔도 변함이 없었지
알베르는 왜 태양을 두려워했을까?

두려움은 어슬렁거리는 개나 주라 하지

여전히 여울은 우리에게 가까이 있고
여전히 윤슬도 우리에게 가까이 있지

심장을 조이고
눈을 찡그려도 까뮈는 되지 않을 거야

그래 사는 게 다 그런 거야
누구나 여울을 만나고 윤슬에 인상도 쓰지

그래 사는 게 다 그런 거야
그러니 태양 때문이라고 핑계는 대지 말자

그래야 나지
아니 너일 수도 있지

.

★ 여울: 강이나 바다의 바닥이 얕거나 폭이 좁아 물살이 세게 흐르는 곳.
★ 윤슬: 달빛이나 햇빛에 비쳐 반짝이는 잔물결.

AI 사이언스 사피엔스

오스트랄로피테쿠스
호모 하빌리스
호모 에렉투스
호모 사피엔스
신인류 호모 사피엔스 사피엔스
지구라는 별에서 살던 우리 인류의 조상들

석기 시대를 살고
청동기 시대를 살고
철기 시대를 살다
플라스틱 시대에 우리는 살고 있다

전쟁도 무섭고 핵도 무섭고
질병도 무섭고 기아도 무섭고
온난화 기후변화도 무섭지만

한때 삶의 질을 윤택하게 했던 플라스틱
비닐 봉투와 일회용 컵 스티로폼이 더 무섭다

미세 플라스틱을 동물이 먹고
미세 플라스틱을 물고기가 먹고
신인류 호모 사피엔스 사피엔스가 그 고기를 먹는다

신인류 호모 사피엔스 사피엔스는
이승의 터미널에서 저승 가는 탑승권을 쥐고 있다

이제 AI가 플라스틱 인간을 만들어
학명을 AI 사이언스 사피엔스로 명명하는 것을
목도할지도 모르지

장례식장에서 2

그 사람의
장례식장에 갔다

그 사람은
사진 속에서 웃고 있었고

그 사람의
얼굴은 네모난 틀에 갇혀 모나리자
닮은 엷은 웃음이 박제된 것처럼 웃고 있었다

그 사람의 삶도
나처럼 찢어진 시간들을 이어 맞춘 시간도 있었겠지

나는 망자의
삶을 부정하는 것 같아서 여전히
장례식장에서 엘리베이터 대신 계단을 이용한다

나는
조문을 할 때 아무 생각이 없다

나는
조문을 하는 사람들이 어떤 생각을 하는지 궁금하다

나는
흔들리는 촛불을 보고

나는 영혼이
빠져나가는 것처럼 보이는 연보라색 향 연기를 보고

나는
여전히 살아 있는 자들의 축제인 장례식장에서

나는
여전히 살아 있는 자들과 소주잔을 주고받았다

나는
나를 알아보는 상주들을 보고

나는
나를 알아보지 못하는 상주들을 여럿 보았다

나는
그 사람이 나와 가까운 관계인지, 혹은
먼 관계인지도 모른 채 영정 사진을 보고 나오면서

나는
훗날 날 위해 누가 울어 줄까?

하루 종일 그 생각만 했다

나중에 크면 돈 벌어서 갚을게요

어머니가 저 하늘의 별이 되셨다

시골집에서 삼일 장례를 치르는데 옛날처럼 상주가 베옷을 입고 곡(哭)하는 시대도 아니고 검은 양복을 입고 베 두건을 쓰고 완장을 차고 버드나무 지팡이 대신 대나무 지팡이를 짚고 낮은 소리로 아이고아이고 곡을 하고 조문객들을 맞으며 맞절하고 위로의 말을 듣고 찾아 주셔서 감사하다고 인사하는 와중에

검정 치마 입은 서울 사는 이모가 문지방을 넘고 슬픔에 북받친 곡소리가 나도 모르게 커지는데 나란히 서 있던 작은 형이 어깨를 치는 통에 나는 나의 슬픔을 억누르고 말았지

내 땅 내 농사가 없는 똥구멍 찢어지게 가난하던 시절 겨우 한글을 깨친 어린 나에게 어머니는 두 형들을 두고 서울 사는 이모에게 3만 원만 빌려 달라는 편지를 쓰라는 어머니 성화에 침 묻혀 가며 나중에 크면 돈 벌어 갚겠다고 몽당연필 꾹꾹 눌러 쓴 기억도

북받치는 슬픔 속으로 가라앉고 말았지

나는 여태 그 빚을 갚지도 못하고 산다

제4부

나도 어쩔 수 없는 속물

나도 어쩔 수 없는 속물

공직을 시작하던 1985년
국민은행 통장을 개설하고 신용카드를 만들었다

촌놈이 서울 수돗물을 먹으면서 촌티를 벗고 종로에서
명동에서 영등포에서 정릉에서 불광동에서 봉급날이 되기
전에 ATM기에서 현금인출 서비스를 받아 살던 때도 있었다

지구상에서
ATM기를 처음 설치한 나라는 1967년 영국 런던의
바클레이즈 은행이고 현금자동인출기가 처음 설치된 것은
1970년이다

우리나라는
1979년 11월 조흥은행 명동지점에 처음 설치되었고
1997년 IMF 이후 전국적으로 ATM기가 기하급수적으로
늘어났다

몇 푼 안 되는 월급은
외상 술값으로 다 날리고 결혼식에 참석하거나 상가
조의금을 내야 할 때는 ATM기 덕을 본 게 어디 한두 번이랴

2만 원 3만 원 하던
축의금이나 조의금은 5만 원이 되고 10만 원이 되면서
말단공무원 월급으로도 벅찬 시절이었지만

세월이 흘러
결혼축의금으로 참석을 안 하면 5만 원이고 참석을 하면
밥값을 감안해 10만 원은 내야 하고 부부 동반으로
참석해 밥 먹고 10만 원을 내면 경우 없는 사람이 되고
마는 것이다

물론 친인척이나
아주 가까운 사람들은 액수에 예외가 있을 수 있지만 말이다

조의금으로는
국민권익위원회 유권해석처럼 1회에 한하여 받는 금액이
5만 원을 넘을 수 없다고 했지만 기본이 10만 원이고
역시 친인척이나 가까운 사람들의 경우에는 액수에
예외가 있을 수 있다는 것이다

현실적인 측면에서 축의금은
오성급 호텔에서 하면 액수가 늘어날 것이고

현실적인 조의금 또한
상주의 사회적 신분에 따라 액수의 가감이 있는 것이
사회통념으로 굳어져 있지 않은가

아주 최근에
축의금 문화는 인구가 줄고 결혼이 줄면서 안 주고
안 받는 작은 결혼식 스몰 웨딩으로 서서히 변화하고 있다

조의금 문화도
체면치레를 위해 빚을 내야 할 정도라면 안 주고
안 받기로 서서히 변화해 가는 것이 바람직함에도

서울 어느 대학병원 장례식장에는 조의금으로
카드 결제하면 6개월 무이자로 할부가 가능하다니

빚을 지면서까지 내야만 하는
조의금이라면 상부상조 상호부조가 아니라 사회적으로
너나 나나 상호부담이 되는 껍데기 같은 조의금 문화는
당연히 없어져야 하지 않을까?

그나저나
퇴직 전에 뿌린 봉투가 얼마인데 따님들은
백마 탄 왕자를 만나기는커녕 결혼 생각이 없다니

도대체 이걸 어찌하누

에라! 이 속물 같은 놈아!
나도 어쩔 수 없는 속물 중의 속물이다

지식인(知識人)

알아 깨달았다는 사람
알아 깨닫고 구별할 줄 안다는 사람
알아 깨닫고 구별하고 도덕적으로 우월한 사람을
지식인이라 하지

어느 시대에나
때론 이런 사람들이 변절에 능하고
때론 이런 사람들이 기회에 능하고

어느 시대에나
내가 하면 로맨스 남이 하면 불륜
내가 하면 합리화 남이 하면 불법

잘못을 뉘우치지 못하고
부끄러움도 미안함도 염치도 모르는
이런 사람들이 내로남불 넘어 세간에 회자되고 있는

조로남불이올시다

산사(山寺)

오대산 월정사에는
나무와 바람과 물소리에 섞인 풍경(風景)이 살고

오대산 월정사에는
나무와 바람과 물소리에 섞인 풍경(風磬)이 살고

오대산 월정사에는
나무와 바람과 물소리에 섞인 풍경(諷經)도 살아

풍경(風景)은 내 눈에 곱게 담고

풍경(風磬)도 내 마음에 곱게 담고

풍경(諷經)은 내 수첩에 곱게 담았다

퇴마사(退魔師)라도 불러야 할까

대한성공회 원주 나눔의 집 소속 신부는

"어휴 암담하기만 하다"
"대통령 전용기가 추락하길 바라마지 않는다"

"온 국민이 '추락을 위한 염원'을 모았으면 좋겠다"
"우리가 동시에 양심을 모으면 하늘의 별자리도 움직이지 않을까"

천주교 대전교구 소속 신부는

윤 대통령 부부가 탄 전용기가 추락하는 사진을 올리고
두 손 모아 '비나이다' '비나이다' 했다는데

나는 무신론자지만
스님과 목사님과 신부님들을 존경한다

신부(神父)는
사제서품을 받은 성직자로 주교 다음으로 미사를
집전하거나 강론을 하는 천주교 고위 성직자다

나는 기도하는 법을 모르지만
니는 이들을 위해 오늘 밤 기도해야겠다

쇠똥구리는 언제나 거꾸로 서서
똥을 굴리는 것을 평생의 업으로 삼는 것처럼

세상을 거꾸로 보면 세상이 거꾸로만 보이니
안타까운 하느님의 몇 안 되는 어린 양들이다

처음엔 모두 선한 귀신이었겠지
퇴마사(退魔師)라도 불러야 할까

신은 육신이나 영혼
어느 하나 없이 존재할 수 없다★

육신 속에 깃든 피와 영혼이 주님인 것이다★

★ 신은 육신이나 영혼 어느 하나 없이 존재할 수 없다:
★ 육신 속에 깃든 피와 영혼이 주님인 것이다:
  니진스키의 『영혼의 절규』 중에서.

영시의 이별

아카시아꽃 피고 꿀벌이
바쁘게 윙윙거리며 들락날락할 때쯤

그것은

공장 기숙사 옆에 자리 잡은 식당 콩나물시루에서 콩나물 대가리가 올라오듯 꿈틀대다 기숙사 방을 나와 마당을 건너 종내는 누가 쫓아낸 것도 아닌데 벽돌 섞인 흙담을 넘어 바람보다 빠르게 윤슬처럼 빛나는 미루나무 이파리만큼 많이 더 크게 뭉게뭉게 번져 나갔고

스물한 살 무렵
수요일만 기억나는 오월 묻지 않았지만
여자는 처음이라고 했다는 소문은 당최
눈덩이 굴리듯 종잡을 수 없었고

청년은
「영시의 이별」*을 불렀다

네온 불이 쓸쓸하게 꺼져 가는 삼거리
이별 앞에 너와 나는 한없이 울었다

추억만 남겨 놓은 젊은 날의 불장난
원점으로 돌아가는 영시처럼
사랑아 안녕

★ 「영시의 이별」: 대한광복군 제3지대 대위 출신 독립운동가 배국민의 아들로 태어난 배호(본명: 배만금)는 「누가 울어」, 「돌아가는 삼각지」, 「안개 낀 장충단 공원」 등 매력적인 저음으로 많은 히트곡을 부른 가수다. 1971년 29세 젊은 나이에 신장염으로 사망하고 그해 유작으로 발표한 노래이다.

잘 먹고 잘 살아라

영원한 등불
무한한 광명이시며 자비로우신 부처님
맑고 선한 부처님께 희망과 지성으로 발원하옵니다

내 친구 한(韓)가 놈에게는
토목공사 현장에서 감독으로 잔뼈가 굵어서인지 손이
거칠어 여성들에게 다정다감하게 사랑받을 수 있도록
부드러운 손과 나이에 걸맞게 넉넉한 뱃살이라도 주시고
제발 검은 양복 입은 사내들을 더는 부르지 않게 하옵시고

내 친구 최(崔)가 놈에게는
이놈도 평생 공사 현장에서 잔뼈가 굵어 줄자가 앞으로만
곧게 펴지는 것처럼 앞만 보고 살면서 앞뒤 재지 못하고
제 고집만 부리지 말고 가끔은 뒤도 한번 돌아보면서
살아가게 하옵시고

내 친구 이(李)가 놈에게는
누가 촌놈 아니랄까 봐 시꺼먼 피부가 매력인 촌스러움을
더 늙어도 잃지 않게 하시고, 하는 일에 마가 끼지 않도록
안전하게 하시고 시커멓게 성근 가슴팍 털만큼 번창하게
하시옵고

내 친구 노(魯)가 놈에게는
초년에 온갖 고생을 뒤로하고 정성 들여 가꾸고 키워 내는
버섯이 불티나게 날개 돋친 듯 팔려 나가고 가업 잇는
아들놈이 부모 생각하고 성심을 다해 일하게 하시옵고

내 친구 서(徐)가 놈에게는
평생을 병원에서 아픈 사람들을 위해 봉사했으니 나이
먹으면서 잔병치레 없이 지낼 수 있도록 남산만 한 배 탈
없이 출산할 수 있는 용기를 주시옵고

내 친구 김(金)가 놈에게는
얌전하고 선한 심성으로 매일매일 하루도 거르지 않고
좋은 말씀을 친구들에게 전해 주는 고마움에 보답하도록
불로장생 소주라도 한잔할 수 있는 체질을 주시옵고

내 친구 두 번째 최(崔)가 놈에게는
평생 경찰 제복만 입어 몸도 마음도 굳어 딱딱한 경직에서
벗어나 후반기 인생은 텃밭 풀이나 뽑으면서 부드럽고
부드럽게 걸림 없는 삶이 되게 하시옵고

내 친구 세 번째 최(崔)가 놈에게도
직업 군인으로 평생 군복을 입고 살다 이른 나이에
전역하고 두 번째 일로 공사 현장 감리를 새롭게
시작하는데, 막힘없이 잘 나갈 수 있도록 힘과 용기를
주시옵소서

이때 부처님이 한 말씀 하셨지
그럼, 그대는 무엇을 바라는고?

망설이고 망설이던 중생은 이렇게 대답을 했습니다

시발 놈(시벨롬)★들이
잘 먹고 잘 살았으면 좋겠다고요

★ 시벨롬(si bel homme): 프랑스어로 잘생긴 남성이라는 뜻.

새로움과 변화가 내 안에 살고 있다면

내 안에 무엇이 들어 있느냐
네 안엔 무엇이 들어 있느냐

내 안에 있는 것을 배설하고
네 안에 있는 것을 배설하고

내 안에 있는 것을 토(吐)하고
네 안에 있는 것을 토(吐)하면

새로운 변화(變化)가 보일까?

어찌하랴
항구는 배를 거부하지 않듯이

내 그릇은

바람에 밀려가는
저 구름을 볼 수는 있어도 담지 못하는 것을

잃어버린 세대

삼포세대(三抛世代)는
연애와 결혼 그리고 출산까지 포기한 세대라는데?

삼포(三浦)가 있지!
동래 부산포, 웅천 제포, 울산 염포 바다에 가서 말끔하게
죄다 깨끗이 삼포를 던져 버리세

사포세대(四抛世代)는
연애와 결혼 그리고 출산과 인간관계까지 포기한
세대라는데?

사포(砂布)가 있지!
천이나 종이에 금강사나 유리 가루 규석 가루를 발라 붙여
물건을 곱게 닦거나 문지르는 데 쓰는 것인데 아주 깨끗이
문질러 죄다 말끔하게 사포를 닦아 버리세

오포세대(五抛世代)는
연애와 결혼 그리고 출산과 인간관계, 내 집 마련까지
포기한 세대라는데?

오포(午砲)와 오포(五浦)가 있지!
정오를 알리는 종소리에 묻어 날려 버리거나 경기도
광주시 오포(五浦)에 가서 소리 한 번 지르고 죄다 말끔히
깨끗이 오포를 던져 버리세

칠포세대(七抛世代)는
연애와 결혼 그리고 출산과 인간관계, 내 집 마련과
경력도 희망까지도 포기한 세대라는데?

칠포(漆布)와 칠포(七浦)가 있지!
옻칠한 베옷을 입고 포항시 흥해읍에 있는
칠포해수욕장에 가서 죄다 말끔히 깨끗이 칠포를 씻어
버리고 돌아오세

N포세대(N抛世代)는
어려운 사회적 여건과 이유로 인해 여러 가지를 포기한
젊은 사람들의 세대라는데?

엔포다큐가 있지!
SBS-TV에서 방송되었던 다큐멘터리 교양프로그램을
다시 보고 N포세대여 힘을 내야지

다음은 무슨 세대(世代)라고?

언제 어디서든
죄다 말끔히 깨끗이 씻거나 던져 버리는 거야
그리고 각자
개개인이 힘겹더라도 열심히 개척하며 사는 거야

중요한 것은
각자 제 능력에 맞게 살아야 한다는 거야
요즘 뭐라고 하지

그래 꺾이지 않는 마음이라고 하지

그래 젊은이여 포기란 없는 거지!

괴기반

제주에 가면
굵고 긴 흑고사리와

가늘고 옅은 연두색 볕고사리로
끓인 고사리 육개장과 돼지고기 세 점하고

두부 보릿가루와 선지를 섞어 만든
수애가 나오는 괴기반을 먹어 볼 일이다

★ 괴기반: 돼지고기 세 점, 두부, 수애(순대)가 나오는 제주 전통 음식.

뒤돌아보지 말자

전해 내려오는 전설에 의하면
도(道)가 높은 스님이 어느 마을에 못된 심술꾸러기 부자를 혼내 주려고 집터를 물웅덩이로 만들 작정으로 심성 착한 며느리에게 먼저 도망가라 일러 주면서 절대 뒤돌아보지 말라고 밝은이*는 신신당부를 하였지만 선한 며느리는 걱정하는 마음에 뒤를 돌아보다 그만 돌이 되었다는 이야기올시다

전해 내려오는 신화에 의하면
오르페우스는 결혼한 지 며칠 만에 아내가 죽자 슬픈 마음에 악기를 연주하고 노래를 불렀는데 동물들은 먹이를 먹지 않고 신(神)들도 애통해하고 보다 못한 대지의 여신 데메테르가 저승 가는 길을 알려주자 저승의 신 하데스도 감동해 아내를 데리고 가도 좋지만 저승길을 벗어날 때까지 절대로 아내의 얼굴을 돌아보지 말라는 다짐을 받았지만 무심코 잘 따라오나 돌아보다 아내는 다시 지하 세계로 떨어졌다는 이야기올시다

구약성서 창세기에는
한때 양들에게 먹일 풀이 많아 풍족했던 소돔과 고모라에는 어느 순간부터 온갖 범죄와 동성애 등 나쁜 일들만 일

어나자 천사들이 의인이 없다는 결론을 내리고 유황불로 멸망시키기 전에 롯과 아내에게 먼저 도망치되 절대 뒤돌아보지 말 것을 당부했지만 롯의 아내는 풍족했던 소돔과 고모라를 잊지 못해 뒤돌아봤다가 소금 기둥으로 변하고 말았다는 이야기올시다

누구에게나 얼룩진 시간들이 왜 없을까?
누구나 마음에 상처 하나씩은 안고 살지

아쉬운 마음에 뒤돌아볼 때가 어디 한두 번일까?
결정적인 순간에 미련을 버리지 못한 사람은
뒤돌아보기 마련이지

뒤돌아보지 말자
어제는 다시 오지 않고 오늘과 내일만 있을 뿐

뒤돌아보지 말자

★ 밝은이: 대종교에서 도(道)가 높은 철인을 이르는 말.

올해도 한참 부족하게 살았습니다

내가 특별한 사람이라고 생각하고
내가 남들보다 좋은 사람이라고 생각하고

내가 다른 사람보다 똑똑하다고 생각하고
내가 다른 사람보다 우월하다고 생각하고

내가 남들보다 많이 안다고 생각하고
내가 남들보다 중요하다고 생각하고

내가 모든 일을 잘한다고 생각하고
때론 다른 사람을 업신여기듯 행동하고

누군가 나를 걱정한다고 생각하고
때론 다른 사람을 가르치려 들었습니다★

정년퇴직하고 난 첫해

제주 올레길 437km를 걷고
부산에서 강원도 고성까지 해파랑길 750km를 걷고
부산에서 해남땅끝마을까지 남파랑길 1,470km 걷고
해남땅끝에서 강화도까지 서해랑길 1,800km 걷고

대한민국
구석구석 홀로 고독하게 걷기 여행을 했지만

올해도
이모저모 이것저것 한참 부족하게 살았습니다

★ 얀테의 법칙을 패러디함.
★ 얀테의 법착: 덴마크계 노르웨이 작가 악셀 산데모세의 풍자소설 『도망자』에서 묘사한 법칙. 아주 오래전부터 노르딕 국가에서 알려진 일종의 행동 지침으로 보통 사람의 법칙이라고도 한다.

소신공양(所信供養)

생사가 없다 하나
생사 없는 곳이 없구나

더 이상
구할 것이 없으니
인연 또한 사라지는구나

안성 칠장사에서
자화장(自火葬)으로 입적(入寂)한

자승 스님의
이런 소신공양(燒身供養) 말고

암컷이니 방울이니
내로남불도 모자라 당최 부끄러움을 모르는 세상

누가 진실이고
누가 거짓인지도 모르는 망할 놈의 세상

내 편이면 무얼 하건 눈감고 모르는 척
네 편이면 무얼 하건 눈 부릅떠 할퀴어 대는

이런 가짜 소신(所信) 말고

너나 나나 옳고 그름을 구별할 줄 알고
너나 나나 올바른 상식이 통하는 세상

이런
진짜 소신(所信)을
공양(供養)하는 세상은 언제 오려나

무제(無題)

월요일은
일곱 시에 이불 속에서 핸드폰으로 조선일보 사설과
칼럼을 읽고 일어나 이불을 털고 라면을 끓여 먹고
동아일보를 정독하고 동네 한 바퀴 돌고 「소년」이라는
글을 쓰고 「가요무대」를 봤다

화요일은
일곱 시에 이불 속에서 핸드폰으로 조선일보 사설과
칼럼을 읽고 일어나 이불을 털고 아점으로 된장찌개를
먹고 동아일보를 정독하고 석성산과 할미성 트레킹을
다녀와 피자와 치킨에 캔맥주를 마셨다

수요일은
일곱 시에 이불 속에서 핸드폰으로 조선일보 사설과
칼럼을 읽고 일어나 이불을 털고 아점으로 남은 피자와
치킨을 먹고 동아일보를 정독하고 「전보(電報)」라는 글을
쓰고 「골 때리는 그녀들」을 봤다

목요일은
일곱 시에 이불 속에서 핸드폰으로 조선일보 사설과
칼럼을 읽고 일어나 이불을 털고 아점으로 김치찌개를

먹고 동아일보를 정독하고 동네 한 바퀴를 돌고
「꼬리에 꼬리를 무는 그날 이야기」를 봤다

금요일은
일곱 시에 이불 속에서 핸드폰으로 조선일보 사설과
칼럼을 읽고 일어나 이불을 털고 아점으로 누룽지를 끓여
먹고 동아일보를 정독하고 「전보」라는 글을 몇 번
수정하고 저녁 무렵 지인들과 소맥으로 시작한 술이
집까지 이어졌다

토요일은
일곱 시에 이불 속에서 핸드폰으로 조선일보 사설과
칼럼을 읽고 일어나 이불을 털고 마누라에게 라면을
얻어먹고 동아일보를 정독하고 동네 한 바퀴를 같이 돌고
사람 나이 구십이 넘어 영물이 된 늙은 푸들 목욕시키고
발톱을 깎고 「그것이 알고 싶다」를 봤다

일요일은
일곱 시에 일어나 이불을 털고 아점으로 누룽지를 먹고
저녁엔 닭볶음탕을 먹었지만 마누라 눈치가 보여 술은
못 마시고 「역사 저널 그날」을 봤다

월요일은

일곱 시에 이불 속에서...........

화요일은

일곱 시에 이불 속에서..........

소년

아버지는
복합비료와 요소비료 두 포대가 실린 리어카를 조암
철물점 사거리에 세워 놓고 오일장 술추렴 중에

소년은 교무실에
불려가 술 냄새 풍기는 수화기 너머로 아버지의 목소리를
듣고 까만 교복에 까만 교모를 쓰고 장터에서 리어카를
끌고 집으로 갔습니다

장안면사무소 앞을
지나 길가 담벼락 옆으로 흙먼지를 뒤집어쓴 호박잎에
후드득후드득 빗방울이 천천히 떨어지면서 점이 하나둘
생기고 있었습니다

소년은 아버지가 미웠습니다

천북 굴 단지 까치네

까치네 쥔 여자 서산댁은
정수기 옆에 비스듬히 기대 놓은 숱 많은 개그맨하고 찍은 사진이 장사에 도움이 안 되는지 액자 틀에는 먼지가 소복하고, 아점으로 굴 라면을 먹으러 들어간 사내에게 사발만 한 종지로 두 종지나 되는 굴을 퍼 넣고 찌그러진 냄비에 끓여 주는데

먼저 온 손님인지 얼굴이 까맣고 수염이
듬성듬성한 늙수그레한 남자는 마누라인지 애인인지 모를 여자와 겸상을 하면서 왜 주꾸미를 안 주는 겨 시발, 배고파 죽겠는데 왜 밥을 안 주는 겨 시발, 연신 시발이 입에 붙어 있는 사내에게 쥔 여자 서산댁은 아이고 오빠 주꾸미는 도망가지 말라고 거기 숟갈 통에 있고, 밥은 제대로 뜸이 들어야 주는 거지, 먹자고 와서 오빠는 왜 심술이여, 대거리를 해 대면서

서산댁은 신랑이 가득 꺾어 온
엄나무 순으로 밑반찬을 하는 것이 싫지는 않은지 다듬고 있다가 한 남자가 들어와 구부정하게 앉아 우린 이런 것은 젬병인데 하면서도 같이 다듬고 있는 남자에게 우리 신랑은 어딜 그렇게 바쁘게 싸다니고, 뭘 그리 사들이는지 모르겠다고 신랑 욕인지 자랑인지 모를 이야기를 하는 순간

동네에서 감투를 썼다는 양반이
얼큰해서 허리를 숙여 뒷문으로 막 들어올 때 서산댁은 앞에 앉은 남자에게 뻣뻣한 것은 잘 골라내야 혀 오빠, 하고 말을 끝내자마자 감투 쓴 양반은 뻣뻣한 것은 까치 네가 더 잘 알 것이라고 얄궂은 농을 하는 순간, 굴 라면을 먹고 있던 사내는 "사장님 파김치 조금만 더 주세요" 했는데

서산댁은 감투 쓴 양반에게
거기 마냥 뻣뻣하게 서 있지만 말고 세 번째 반찬통에서 파김치 좀 담아다 손님 드려유, 농을 받아치며 홀 서빙도 시키는 천북 굴 단지 까치네 쥔 여자는 온 동네 남자들이 모두 그녀의 오빠고, 사내의 영양 굴밥에 키 작은 서산댁 쥔 여자는 손도 크게 역시나 사발만 한 종지로 두 종지나 굴을 퍼 넣고 굴 영양밥을 넘치게 해 내왔다

★ 서해랑길 충남 보령 지역을 걸을 때 천북 굴 단지 까치네 식당에서 우연히 점심과 저녁 두 끼를 먹으면서.

말 뼈다귀

제주 표선읍 말고기 전문점 고수목마에서

스태미나에 좋고
관절염에 좋고 피부 미용에 좋고 빈혈 예방에 좋고 피로
회복에 좋고 콜레스테롤 조정에 좋다는 말고기를

육회로 먹고 양념구이로
먹고 스테이크로 먹고 탕으로 먹고 낮술을 시 나부랭이를
쓰는 사람이 마시고 또 마시고 마셨지

제주 사는 재호 아우는
동란(動亂) 때 목월 선생이 어여쁜 젊은 여학생과 연애하던
살림집이 예서 멀지 않고

선생의 부인이 그 사실을
알고도 모른 척 단정하고 멋스러운 한복을 대님까지
곁들여 마루에 놓고 사라졌다는 풍문으로 떠도는 얘기를
사실처럼 얘기하고

술병이 바람에 쓰러졌다는
「목마와 숙녀」한 대목을 소환하는데 아! 이 새로운 감동은
말 뼈다귀보다 더 진한 감동으로 밀려오고

촌스러운 아마추어 시인은
말 뼈다귀를 주체 못 해 추자도 감성돔 대신 멸치
한 줌으로 제주의 마지막 밤을 아끼고 있다

그대 제주에서 발기(勃起)하기를

감성적이라고 욕을 할지라도
스테이 앞바다 잔잔한 물결에 나를 녹여 아우에게 보내는
시간

저녁과 어둠을 누가 구분하는가?
저녁은 어둠을 넘어 스테이 앞바다에서 창문 넘어 나를
덮쳐 오고 나는 그 어둠에 묻혀 누군가에게 하염없는
손짓을 하네

좀이 쑤시는 아침

남파랑길에서
거제도 욕지도 지심도 외도 연화도처럼 섬이나 섬 자가 안
붙은 섬 남해를 일주하고

남해대교를 건너
하동을 앞에 두고 올라와 추석을 쇠고, 사돈에 팔촌
결혼식도 들여다보면서 일주일 동안 집에만 들어앉아
있으려니

바다 냄새와 바람 소리
파도 소리에 몽돌 굴러가는 소리, 해안가에서 만나는
갈매기와 갯벌에서 농게들이 바스락거리는 소리, 하다못해
까마귀 울음소리까지

마을안길 오래된 나무와 그늘
나뭇잎 냄새와 싱싱한 풀 냄새, 베어 낸 풀이 마르는 냄새,
고샅길에서 들려오는 컹컹 개 짖는 소리, 비탈진 밭에서
고구마 캐는 모습

황금 들판으로 변해
가는 너른 논, 숲길과 나무 냄새, 이름을 아는 새와 이름을
모르는 새들이 지저귀는 소리

아침 이슬에 발이 젖는 느낌
발소리에 놀라 폴짝 달아나는 개구리와 따뜻한 볕 드는
곳에서 젖은 몸을 말리며 일광욕하는 뱀까지

가을이 다가오는
소리와 냄새가 그리워 당최 가만 있지 못하고
좀이 쑤시는 아침

★ 좀이 쑤시다: 마음이 들뜨거나 초조하여 가만히 참고 기다리지 못함.

우리 집 에어컨

갓 시집와 수줍은 색시와 남산에 올라

꼬리에 꼬리를 물고
질주하는 자동차들, 높고 시커먼 빌딩에서 뿜어져 나오는
밝은 불빛들, 도로가 훤히 보이도록 길게 늘어선 가로등
불빛들을 내려다보면서

우리는 자가용을 사고
우리는 내 집을 마련할 수 있을까?

제기동 반지하 한 칸 방
신혼살림으로는 서울에서 연립주택(그것도 융자를 얻어야)
말고는 우리 능력으로 언감생심 APT는 꿈도 못 꾸던
시절이었지

사내의 성격이 고집스러워
융자로 빚지는 것은 코뚜레 뚫어 멍에 쓴 소가 되는
것이라는 근거 없는 믿음이 있었고 지금도 그 믿음은
변하지 않는 옹고집이 되었지만

'아주 APT 이쯤은 돼야지'
어느 날 저녁상을 물리고 TV에서 이상형이던 유명한
탤런트 김영란 씨가 올백 머리에 하얀 드레스를 입고
안방에서 밝고 화려한 커튼을 젖히면서 '아주 APT 이쯤은
돼야지' 광고를 했다
서른네 평에
팔천오십만 원이었지

아쉽지만 적금을 깨고
청파동 이모에게 이천만 원을 빌리고, 선후배들에게
이백만 원, 삼백만 원을 빌려 중도금을 겨우겨우
만들었지만

만기 두 달 남은
재형저축은 아주 가까운 사람 신혼집 APT 매입 자금인지,
전세 자금인지도 모르게 통장과 도장까지 건너갔지만
끝내 돌아오지 않은 삼백육십만 원

사내는 큰 내상을 입었지만 잊고 살았지

김영란 씨가 광고한 APT로
서울에서 용인으로 직장을 옮기고 잠시 쓰러지는
연립주택에서 전세를 살다 보니 아주 APT는 끝내 부도가
났고

아주는 진우 APT가 되고
김영란 씨는 기억에서 사라졌지만, 우여곡절 끝에 사내의
이름으로 된 첫 내 집, 우리 집, 우리 APT가 되었지

집이 얼마나 넓은지
현관에서 안방까지 한참을 걸어야 했고
거실 귀퉁이에 누워 부엌 쪽을 보면 초등학교 운동장만
했지, 애들이 커 가면서 집은 작아져 사내와 색시는
거실로 밀려났지만

우리 APT 뒤로
산을 뭉개 또 다른 APT 공사가 시작되면서 소음이
어떻고, 비산 먼지가 어떻고, 일조권이 어떻고, 소곤대던
목소리는 큰 울림이 되었고

순진한 색시와 입주 예정자들은
용인 공설운동장에서 북과 꽹과리 대신 냄비 뚜껑을
들고나와 숟가락으로 두들기면서 데모라는 것을 하고,
사내는 그것을 막아야 했고

APT 입구에 둘러앉은
동네 아줌마들은 빈대떡을 부쳐 먹으며 조용한 데모를
이어 가다 소음과 비산 먼지와 일조권은 급기야 세대별로
에어컨을 하나씩 받는 것으로 색시의 데모는 끝나고

25년째 거실 한쪽을 지키는
LG WHISEN 에어컨은 올여름에도 제 몫을 다할 것이고,
사내는 색시의 무용담을 서너 번 더 들어야 더위가
물러나고 선선해지겠지

입

입으로
웃다가 울고 애원하다 읍소하고

입으로
술 마시고
삼시 세끼 밥도 먹고 숨도 쉬지만

매일 반복되는
함포고복(含哺鼓腹)★에 종내는 항문으로 배설하고 말지만

입으로
말을 하고 노래도 부르고
글을 읽고 쌍욕과 독설을 내뱉다
스스로 내상(內傷)을 입은 것이 어디 한두 번이랴

입으로
나를 만들고
나를 망하게도 한 것 또한 어디 이번뿐이랴

사내는 간수 빠진
굵은 소금으로 입이 얼얼하도록 닦고 있다

★ 함포고복(含哺鼓腹): 잔뜩 먹고 배를 두드린다는 뜻으로, 먹을 것이 풍족하여 매일 배불리 먹고 즐겁게 지내는 것을 이르는 고사성어다.

그때 늙은
아저씨들과 지금 우리들은 같을까?

내 나이 마흔이나 쉰 언저리까지
어쩌다 혼자 점심을 먹으러 순대국밥집이나 동태찌개집에
들어가 혼자 밥을 먹을 때 삶의 흔적이 끈끈하고
역력한 늙은 아저씨들

네다섯이 모여 낮술을 주거니 받거니
하는 모습을 보면서 저 양반들은 대낮에 얼마나 할 일이
없으면 둘러앉아 낮술을 먹나 했다

허름한 수원 매산시장
선술집에 둘러앉아 소주잔을 주거니 받거니 돌리다
어깨너머로 낮달이 훤한 시간을 주체하지 못해
이천이십삼 년 정월대보름 이틀 전

삶의 흔적이 끈끈하고 역력한 늙은 아저씨들은

일천구백팔십오 년
언 땅에서 개나 소나 밟아 대도 꿋꿋이 일어나 얼굴을
내미는 푸르고 씩씩한 보리잎처럼 새내기 옛정을 못 이겨
이 골목 저 골목 노래방을 찾아 헤매다

유튜브 CHOWON TV를 운영하는
충남 서산 출신 조 兄은 어쩌다 가요무대에 나오는
김경남의 「님의 향기」와 이미자의 「아씨」를 가사를 외워야
한다며 수굿이 고개 숙여 커닝 페이퍼 훔쳐보듯 차분하게
노래를 불러 백 점을 받고

무뚝뚝한 사내 송 兄은
이현의 「잘 있어요 잘 가세요」 윤수일의 「아파트」를
삭정이 리듬을 타면서 그야말로 경상도 사내처럼
무뚝뚝하게 부를 때

아!
청송우체국 그때 그 아가씨는 어디에서 나처럼 늙어 갈까?

빨랫비누로 머리를 감고
드라이를 하고 포마드 머릿기름을 바르고 농협 2층에서
결혼식 사회를 멋지게 마치고 뒤풀이 자리에서 서울 구경
갑시다~

나의 꼬임에?
고속버스 승차 계단에 오른발을 올렸다 돌아선 이젠
얼굴도 생각나지 않는 그녀가 어렴풋이 떠오르고

제복을 같이 입던 젊은 시절
노래 시작했다 노래 끝났다 엽전 열닷 냥
유일하게 육성으로 부른 노래를 내가 기억하는 세종의 박
兄은 노래를 부르면 죄다 백 점이 나와 동석한 친구들에게
미안할까 봐 한사코 마이크를 잡지 않았지

나는 어떤 노래를 불렀느냐고?
적어도 소주 한 병은 마시고 얼큰해야 노래가 나오는 나는
설운도의 「보라빛 엽서」 최성수의 「해후」 조용필의
「그 겨울의 찻집」을 불러도 점수는 팔십 점 대였지

서산의 조 兄은
어이구, 노래방 드나들며 돈깨나 갖다 바쳤구먼

청송의 송 兄은
어찌 죄다 언니들이 좋아하는 노래만 골라 하누

세종의 박 兄은
자리에 앉은 채로 커다랗게 웃으며 박수를 쳤지요

아!
다시 돌아갈 수 없는 그때 그 시절

몸은 굳어도
마음은 그때 그 시절로 돌아가 누구도 부럽지
않았던 시간

선술집에 모여 앉아 소주잔 건네는
시간들이 언제나 오래 함께하기를 만월이 되어
가는 정월대보름 저 달에 새긴다

휴휴암

강원도 양양
어리석은 마음과 시기와 질투 팔만 사천의 번뇌를
내려놓는 쉴 휴(休) 자 암자 암(庵) 자 쓰는 휴휴암에
들어서면

불이문(不二門)
너와 내가 다르지 않고 근본은 하나라는 일주문이 나온다

불이문을 지나 바다로 나가는 좁은 길
방생(放生) 물고기 파는 수족관에 작은 물고기
바글바글 방생 물고기 네 마리 만 원 물고기
밥 한 봉지 이천 원

방생은 사람에게 잡힌 생물을 놓아주는
선(善)한 일 처음부터 가두지나 말지
나는 살면서 선한 일을 몇 번이나 했을까?

넓적 편편한 바닷가 바위로 나가면 사람들
발소리 목소리 쫓아 황어 떼 어산어해(魚山魚海)
저놈들은 넓은 바다 놈들만의 우주를 구경도
못 하고 열반하겠지

바닷가 사찰 암자 도량
관세음보살들은 모두 바다를 바라보고 섰는데
이곳 관세음보살은 대중을 바라보고 우뚝 섰다

쉴 휴(休)
쉬고 또 쉰다는 곳에서
갇혀 있는 물고기 사람 곁을 맴도는 황어 떼 생각

돌아오는 길 내내

휴~
휴~

어휴~
어휴(魚休)

어휴(魚休)

무엇 하는 사람이오

- 무엇 하는 사람이신지?
  시 나부랭이 허튼 글을 쓰는 사람이오

- 일간지 신춘문예에 입선하셨나요?
  아니오

- 그럼, 『창작과비평』에 입선하셨나요?
  아니오

- 그럼, 『문학과지성』에서 입선하셨나요?
  아니오

- 그럼, 어디서 배우셨나요?
  배운 것이 없다오

- 아니, 그럼
  어느 문학 단체에서 등단을 하셨나요?

  모르시는 말씀
  당대에 시인 아닌 사람이 그 누구요

모르시는 말씀
무슨 무슨 문학상에 입선을 못 해도 누구나
시인이오

모르시는 말씀
무엇보다 시류에 기웃거리지 않는 시인이
진정한 시인이오

나는 그저 시시한 글쟁이지만
마누라에게 대접받는 그런 시인이오

치앙마이에서 1
◆ 부제: 새똥을 맞았다

북방의 장미라는 치앙마이
타패 문에서 새를 날려 돈을 버는 사내들은 먹이를 뿌려 성벽 광장에 새들을 불러 모은 다음 물병을 미끄러지듯 바닥에 던지고 소리를 지르면 혼비백산한 비둘기들은 공중으로 날아오르고 날아오르는 새들 사이로 관광객들이 걸어오면 동업자는 사진을 찍어 주면서 돈을 받는 것이다

100바트
우리나라 돈으로 3,700원 정도
우리나라 분식집에서 라면 한 그릇도 못 사 먹는 돈이지만 그것은 분명 백수가 된 내게도 푼돈은 아니고 사내들에겐 성스러운 직업으로 당연한 노동의 대가

날아올랐던 비둘기들은
관성처럼 사람들을 무서워하지 않고 또 모여들고
사내들은 다시 소리를 질러 비둘기를 또 날린다

비둘기 떼를 피해 지나가다
비둘기 한 놈이 싼 똥을 머리에 맞았지만

한발 건너 사원(寺院)의 나라
온 세상이 황금 부처의 땅 치앙마이에서
점잖지 못하게 비둘기에게 화를 낼 수는 없는 노릇

비둘기는
허공에 똥을 눈 것이 아니고 땅에 똥을 눈 것이고

나는 오늘도
태국 땅 치앙마이까지 와서도 똥을 누며 살고

광장에서 비둘기를 날려
돈을 버는 내 눈에만 남루한 저 사내들처럼

새를 날려서라도 밥을 다시 벌어야 하는지
똥 맞고 똥 누며 심란한 이국(異國)의 밤

치앙마이에서 2

◆ 부제: 우물을 지키는 신에게 기도했다

올드타운 거리에서 바나나튀김을 맛보고
블루누들에서 8번 국수★를 시켜 먹고
피자나 고기를 구워 내는 화덕인 줄 알고
마누라에게 자랑스럽게 설명까지 했는데
자세히 보니 우물이었다

두레박은 없었지만
예전에 사용하던 우물이겠거니 생각하고 지나쳤는데

맥주 한잔하러 들어간 Amigos★에서
우물 앞에 타코를 놓고 향을 사르며 기도하는
여주인을 보고

저렴한 영어와 손짓발짓 대화를 해 보니
장사 잘되고 가족들 건강을 기원하는 기도를 했단다
(이때 나는 Papago 번역기 생각을 왜 못했을까?)

나도 별안간 기도를 하고 싶었다
여섯 시간 남짓 비행기를 타고 온 치앙마이에서
지금은 저 하늘 별이 되신 그 옛날 어머니의 부뚜막 불을
지키는 조왕신(竈王神)을 생각하며 나도 두 손 모아
기도했다

어떤 기도를 했느냐고?

당연히 가족의 건강과 행복을 빌다가
갑자기 어떤 사내 생각에 기도 내용을 얼른 바꿨다

한 남자가 군에 재입대하는
꿈을 꾸고 악몽이라고 생각했는데 20억 원짜리
복권에 당첨됐다는 뉴스가 생각났던 것이다

나는 염치도 없이 개꿈도
꾸지 않고 일 등은 고사하고 이 등만이라도
로또 한 번만 당첨되게 해 달라고 빌었다

★ 8번 국수: 블루누들 식당 고기국수로 한국인 입맛에 맞아 보통 8번 국수 라고 불린다.
★ Amigos: 치앙마이 타패 문 근처에 있는 멕시코 요리 전문 식당.

치앙마이에서 3
◆ 부제: 맥주를 물 마시듯 마시고

오후 네 시 다섯 시에도 32도였다

습도가 없어 땀도 나지 않았고
여기저기 쏘다니다 시장통에서 고기국수도 먹고

야시장 한 귀퉁이에 자리를 잡고 앉아
귀에 익은 철 지난 팝송을 부르는 가수의 공연을 보고

아이돌 같은 소녀들의 춤 공연도 보고
젊은이 다섯이 추는 비보이 춤도 구경하면서

내가 캔맥주 다섯 개를 마시는 동안
북유럽에서 온 것 같은 네 명의 일행들은
한 시간 반 동안 두 개를 나눠 마시면서 버티고 있었다

맥주 탓이었을까?
오줌이 마려워 화장실을 급하게 들어가려는데

5바트* 동전을 넣어야 문이 열리게 되어 있어
다시 자리로 돌아와 마누라에게 동전을 받아 들고

누가 보건 말건 거길 움켜쥐고 종종걸음으로

급하게 안절부절 쩔쩔매다 그만 찔끔하고 말았을 때

여기까지 따라온 우리 동네 초승달은
어느새 보름달이 되어 조용히 나를 내려다보고 있었다

★ 5바트: 우리나라 돈으로 약 188원 정도 됨.

치앙마이에서 4

◆ 부제: 내 글을 읽어 줄 이는 어디에

빨간 우체통을 보았다

랏차프륵 꽃들이 놓인 우체국 계단은 없었지만
사원(寺院)의 나라에서
금빛 부처님의 자비를 담아 누군가에게
편지 한 통 엽서 한 장이라도 쓰고 싶었다

투박하고 어리석고 졸필인 내 글을
읽어 줄 이가 어디 있을까 만무하지만

우체통 옆에서
무언가 끄적거리며 시인 놀이를 해 보고 싶었다

치앙마이에서 5

◆ 부제: 종로에 있는 보령약국도 일요일은 쉰다

오늘은 2024년 1월 21일 일요일
음력으론 섣달 열하루 내 생일날

강원도 어디는 꽁꽁 언 얼음 깨고 송어 낚시하고
강원도 어딘가는 40cm가 넘는 폭설이 내리고
내가 사는 동네도 영하 10도를 오르내리는 가운데

호텔 조식을 세 접시나 잔뜩
퍼다 먹고 이리 뒹굴 저리 뒹굴 집에서 일요일 한낮을
보내는 것처럼

아무것도 안 하고
도서관에서 빌려 온 시집 몇 권 붙잡고 있으려니
좀이 쑤셔 앉아 있지도 못하고 서 있지도 못하는데

기어이 마누라가 한마디 한다

종로에 있는 보령약국도
일요일은 쉬는데 하루쯤 아무
생각 없이 그냥 쉬는 것도 나쁘지 않다고

치앙마이에서 6

◆ 부제: 용산에서 또 똥 볼을 찼다고?

한 열흘
눈 감고 귀 닫고 입 다물고 살고 싶었는데

서울은 체감온도가 영하 20도가 넘었다는 날
일요일 밤 자유 시장 엄청난 인파에 밀려가면서

호객하는 태국어도 들리고
영어도 들리고
중국어도 들리고
프랑스어도 들리고
아주 가끔 일본어도 들리고
덴마크나 노르웨이 말 같기도 한 소리도 들리는데

듣고 싶지 않았지만
듣고 싶지 않았지만 들려오는 소리

용산에서 또 똥 볼을 찼다며
마리 앙투아네트가 어쨌느니 참새가 또 울었느니

서울말로
경상도 전라도 사투리로 여기저기 간간이 들려오는
마음을 어지럽히는 소리

물수제비를 제아무리 잘 떠도
결국엔 가라앉고 만다는 서울에서 들려오는 소리에

하루만 거르려던 맥주를 사러 나갈 수밖에 없었다

치앙마이에서 7
◆ 부제: 면(面) 안 서는 열흘을 보내고

「벙어리 여가수」를 쓴 장시우 시인
「당신을 찾아서」를 쓴 정호승 시인

「일요일과 나쁜 날씨」를 쓴 장석주 시인
「사랑할 시간이 많지 않다」를 쓴 정현종 선생

「왼쪽 가슴 아래께에 온 통증」을 쓴 장석남 시인과
함께 같은 비행기를 탔는데

나는 매일 술 마시고 노느라 그렇다 치고
이 양반들도 당최 얼굴 한 번 내밀지 않았다

글을 쓴다는
동류애로 체면치레라도
할 법한데 게으른 나도 애써 찾으려 하지 않고

그이들이 무슨 생각을
하며 글을 쓰는지 들여다보지도 못하고
제대로 수인사도 못 하고 같은 비행기로 돌아왔다

동백도서관 깊숙이 자리 잡은
한국문학과 시 열람 칸 'ㅈ'으로
시작하는 위에서 두 번째 칸에서 만난 저이들에게

면(面) 안 서는 열흘이었다

치앙마이에서 8
◆ 부제: 로열 파크 랏차프륵에서 한반도 지도와 태극기를 만났다

썽태우*를 잡아타고
태국 왕실 정원이라는 로열 파크 랏차프륵으로 달렸다

랏차프륵은 태국의 국화로
랏차는 왕을 뜻하고 프륵은 초목을 뜻하는데
4월에 개화하고 다섯 개의 커다란 노란 꽃잎이 나는
꽃으로 왕실을 상징하기도 하고 태국 불교의 상징이기도
하다

정원을 둘러보다
재단법인 고양 국제꽃박람회에서 조성한
지구온난화라는 주제로 갈 곳을 잃은 북극곰과
브로멜리아드와 듀란타 등의 꽃과 식물로 만든
녹색 지구본 위에 태극기와 한반도 지도가 선명하게
보여 너무도 반가웠다

태국은 6.25 전쟁 당시 아시아 국가 중에
가장 먼저 만 오천 명의 육해공군을 파병하였고

경기도 연천에서
중공군의 인해전술에 백병전으로 사투를 벌이며

고지를 사수한 태국군은 129명이 전사하고 1,139명이
부상당하고 5명이 실종된 이들에게
용맹함을
상징하는 리틀 타이거라는 별칭이 붙었고

경기도 포천 운천리 태국군 참전비에는
자유와 평화를 위해 싸운 육해공군 용사들!
여기 그들의 마지막 주둔지에 피 흘린 130명의
뜻을 같이 새긴다, 라고 새겨져 있다

걷다 쉬며 걷다 쉬며 나가는 길에
경비원이 아니고 왕실에 소속된 군인이라는
배가 불룩한 군복 입은 사내와 기념사진도 찍고
정문으로 나오니 빨간색 썽태우가 기다리고 있었다

★ 썽태우: 태국의 택시로 화물차를 개조하여 만들어 옆과 뒤가 뚫려 있다.